电网企业数据分析挖掘与实践

国网宁夏电力有限公司电力科学研究院　组编

中国电力出版社
CHINA ELECTRIC POWER PRESS

内 容 提 要

电网公司的数据优势是在多年的设备运行和客户服务中，积累了海量的历史数据，据专家统计分析数据显示，每当数据利用率调高 10%，便可使电网提高 20%~49% 的利润，足以说明数字资产在电网中的重要性。在国家电力改革、技术革新、智慧城市发展等新形势下，电力产能相对过剩，需求侧多元互补。供求关系影响电价的高低，使用数据挖掘技术进行建模，有助于制定针对性的发展策略，提升电网公司的核心竞争力。

本书在总结以往电力数据分析成果的基础上，引入大数据分析技术，从数据分析工具的构建、项目全过程监测、线损监测、营配调集成监测、集体企业管理监测、环境保护相关监测六大方面，对电网企业数据分析挖掘与实践的方法和成果进行了详细介绍。

本书可供电力监测分析人员、业务部门人员借鉴使用。

图书在版编目（CIP）数据

电网企业数据分析挖掘与实践 / 国网宁夏电力有限公司电力科学研究院组编 .—北京：中国电力出版社，2021.3（2021.12 重印）

ISBN 978-7-5198-5071-5

Ⅰ.①电…　Ⅱ.①国…　Ⅲ.①电力工业—工业企业管理—数据管理—研究—宁夏　Ⅳ.①F426.61

中国版本图书馆 CIP 数据核字（2020）第 201630 号

出版发行：中国电力出版社
地　　址：北京市东城区北京站西街 19 号（邮政编码 100005）
网　　址：http://www.cepp.sgcc.com.cn
责任编辑：陈　丽（010-63412348）
责任校对：黄　蓓　朱丽芳
装帧设计：张俊霞
责任印制：石　雷

印　　刷：三河市万龙印装有限公司
版　　次：2021 年 3 月第一版
印　　次：2021 年 12 月北京第二次印刷
开　　本：710 毫米 ×1000 毫米　16 开本
印　　张：10.25
字　　数：140 千字
印　　数：1001—1500 册
定　　价：58.00 元

编委会

随着国家“大数据战略”的实施和公司精益化管理、数字化企业建设的推动、数据资产管理职能越发重要，而公司数据监测与业务管理融合深度、数据分析与指标提升支撑力度、业务监测覆盖广度仍然存在较大不足，未能有效发挥数据监测辅助管理改进提升和支撑经营决策的作用。国家电网公司从“指标状态全面监测、重点业务运营分析、数据资产管理应用、问题改进协调空置、常态监测发布机制、优化全景展示平台”六个方面，构建基于大数据运用的运营监测管理模式，推动数据管理从孤岛自治向共享融合转变，业务管理从事后分析向事前研判转变，有效地推进数据管理与业务管理协同融合，实现对公司经营状况、明细业务的全面覆盖、全过程监测、全方位诊断。

能源互联网的理念是运用先进的电力电子技术、信息技术和智能管理技术，来优化电的生产、传输、调度、分配以及消费，能源互联网将承载电力流、信息流、业务流，在传输能源的同时实现数据的采集、深度挖掘和分析，最终实现清洁发电、高效输电、动态配电、合理用电的目标。

随着能源互联网的建设，电力行业产生了一大批面向电力各个领域的信息采集与管理系统，包括用电信息采集系统、营销系统、电网运营管理系统等。这些系统构成了电力大数据的来源，使得电力行业迈入了大数据时代，面对数据量的迅速增长、数据类型的多样化和数据时效性不断提升，电力行业不仅需要关注如何采集、存储和检索数据，更需要考虑如何分析和利用这些数据并提供有价值的信息，为企业管理和战略决策提供数据支持。

本书编写注重实用性，从电网运营监测工作实际出发，以业务线条为入手点，通过把控各业务异常问题的关键点，辅助分析手段，进行综合研判和整改，推进管理水平进一步提升。同时，本书辅以经典监测案例，对各类异常问题进行全过程监测分析演示，可供监测分析人员、业务部门人员借鉴使用。书中案例所涉及单位和数据均已进行脱敏处理，不代表各单位的真实情况。

因时间和水平有限，虽经反复修改，仍难避免疏漏和不妥之处，恳请读者批评指正。

作者
2020 年 6 月

目录 CONTENTS

第一章

插件式微应用数据共享服务平台

要进行电力业务大数据挖掘分析，一个高效易用的数据挖掘分析工具势必会给数据挖掘分析工作带来事半功倍的效果，因此，在对比分析了各类数据挖掘工具的基础上，宁夏电力有限公司设计开发了基于电力业务的插件式微应用数据共享服务平台，将数据挖掘的理论知识应用在电力业务监测分析工作当中，以便对电力业务的管理和决策起到更好的辅助效果。

◆ 第一节 数据挖掘简介

近年来，数据挖掘引起了信息产业界的极大关注，其主要原因是存在大量数据可以广泛使用，并且迫切需要将这些数据转换成有用的信息和知识。获取的信息和知识应用广泛，包括商务管理、生产控制、市场分析、工程设计和科学探索等。

数据挖掘是人工智能和数据库领域研究的热点问题，所谓数据挖掘，是指从数据库的大量数据中揭示出隐含的、先前未知的并有潜在价值的信息的过程。数据挖掘是一种决策支持过程，它主要基于人工智能、机器学习、模式识别、统计学、数据库、可视化技术等，高度自动化地分析企业的数据，作出归纳性的推理，从中挖掘出潜在的模式，帮助决策者调整时长策略，减少风险，作出正确的决策。知识发现过程由数据准备、数据挖掘、结果表达和解释三个阶段组成。数据挖掘可以与用户或知识库交互。

数据挖掘是通过分析每个数据，从大量数据中寻找其规律的技术，主要有数据准备、规律寻找和规律表达三个步骤。数据准备是从相关的数据源中选取所需的数据并整合成用于数据挖掘的数据集；规律寻找是用某种方法将数据集所含的规律找出来；规律表示是尽可能以用户可理解的方式（如可视化）将找出的规律表示出来。数据挖掘的任务有关联分析、聚类分析、分类分析、异常分析、特异群组分析和演变分析等。

数据挖掘利用了来自如下一些领域的思想：①来自统计学的抽样、估计和假设检验；②人工智能、模式识别和机器学习的搜索算法、建模技术和学习理论。数据挖掘也迅速地接纳了来自其他领域的思想，这些领域包括最优化、进化计算、信息论、信号处理、可视化和信息检索。一些其他领域也起到重要的支撑作用。特别是对需要数据库系统提供有效的存储、索引和查询处理支持。源于高性能（并行）计算的技术在处理海量数据集方面常常是重要的。分布式技术也能帮助处理海量数据，并且当数据不能集中到一起处理时更是至关重要。

一、数据挖掘的背景

20 世纪 90 年代，随着数据库系统的广泛应用和网络技术的高速发展，数据库技术也进入一个全新的阶段，即从过去仅管理一些简单数据发展到管理由各种计算机所产生的图形、图像、音频、视频、电子档案、Web 页面等多种类型的复杂数据，并且数据量也越来越大。数据库在提供丰富信息的同时，也体现出明显的海量信息特征。信息爆炸时代，海量信息中过多无用的信息必然会产生信息距离（信息状态转移距离是对一个失误信息状态转移所遇到障碍的测度，简称 DIST 或 DIT）和有用知识的丢失。这也是美国的约翰·内斯伯特（John Nalsbert）称为的“信息丰富而知识贫乏”窘境。因此，人们迫切希望能对海量数据进行深入分析，发现并提取隐藏在其中的信息，以更好地利用这些数据。但仅以数据库系统的录入、查询、统计等功能，无法发现数据中存在的关系和规则，无法根据现有的数据预测未来的发展趋势，更缺乏挖掘数据背后隐藏知识的手段。正是在这样的条件下，数据挖掘技术应运而生。

二、数据挖掘步骤

在实施数据挖掘之前，要先制定步骤，以有计划地保证数据挖掘有条不紊地实施并取得成功。很多软件供应商和数据挖掘顾问公司投提供了一些数据挖掘过程模型，来指导他们的用户一步步地进行数据挖掘工作。比如，SPSS 公司的 5A 和 SAS 公司的 SEMMA。

数据挖掘过程模型步骤主要包括定义问题、建立数据挖掘库、分析数据、准备数据、建立模型、评价模型和实施。

1. 定义问题

在开始知识发现之前最先的也是最重要的要求就是了解数据和业务问题。必须要对目标有一个清晰明确的定义，即决定到底想干什么。比如，想提高电子信箱的利用率时，想做的可能是“提高用户使用率”，也可能是“提高一次用户使用的价值”，要解决这两个问题而建立的模型几乎是完全不同的，必须做出决定。

2. 建立数据挖掘库

建立数据挖掘库包括：数据收集、数据描述、选择、数据质量评估和数据清理、合并与整合、构建元数据、加载数据挖掘库、维护数据挖掘库。

3. 分析数据

分析的目的是找到对预测输出影响最大的数据字段，并决定是否需要定义导出字段。如果数据集包含成百上千的字段，那么浏览分析这些数据将是一件非常耗时费力的事情，这时需要选择一个具有好的界面和功能强大的工具软件来协助完成。

4. 准备数据

这是建立模型之前的最后一步数据准备工作，可以将此步骤分为选择变量、选择记录、创建新变量、转换变量四个部分。

5. 建立模型

建立模型是一个反复的过程，需要仔细考察不同的模型以判断出对所面临的商业问题最有用的模型。先用一部分数据建立模型，然后再用剩下的数据来测试和验证这个得到的模型。有时还有第三个数据集，称为验证集，因为测试集可能受模型的特性的影响，这时需要一个独立的数据集来验证模型的准确性。训练和测试数据挖掘模型需要把数据至少分成两个部分，分别用于模型训练和模型测试。

6. 评价模型

模型建立好之后，必须评价得到的结果、解释模型的价值。从测试集中得到的准确率只对用于建立模型的数据有意义。在实际应用中，需要进一步了解错误的类型及由此带来的相关费用。经验证明，有效的模型并不一定是正确的模型。造成这一点的直接原因就是建立模型时隐含的各种假定，因此，直接在现实世界中测试模型很重要。先在小范围内应用，取得测试数据，觉得满意之后再大范围推广。

7. 实施

模型建立并经验证之后，可以有两种主要的使用方法。一种是提供给分析人员做参考；另一种是把此模型应用到不同的数据集上。

三、数据挖掘分析方法

数据挖掘分为有指导的数据挖掘和无指导的数据挖掘。有指导的数据挖掘是利用可用的数据建立一个模型，这个模型是对一个特定属性的描述。无指导的数据挖掘是在所有的属性中寻找某种关系。具体而言，分类、估值和预测属于有指导的数据挖掘；关联规则和聚类属于无指导的数据挖掘。

（1）分类。它首先从数据中选出已经分好类的训练集，在该训练集上运用数据挖掘技术，建立一个分类模型，再将该模型用于对没有分类的数据进行分类。

（2）估值。估值与分类类似，但估值最终的输出结果是连续型的数值，估值的量并非预先确定。估值可以作为分类的准备工作。

（3）预测。它是通过分类或估值来进行，通过分类或估值的训练得出一个模型，如果对于检验样本组而言，该模型具有较高的准确率，可将该模型用于对新样本的未知变量进行预测。

（4）关联规则或相关性分组。其目的是发现哪些事情总是一起发生。

（5）聚类。它是自动寻找并建立分组规则的方法，它通过判断样本之间的相似性，把相似样本划分在一个簇中。

四、数据挖掘的经典算法

目前，数据挖掘的算法主要包括神经网络法、决策树法、遗传算法、粗糙集法、模糊集法和关联规则法等。

1. 神经网络法

神经网络法模拟生物神经系统的结构和功能，是一种通过训练来学习的非线性预测模型，它将每一个连接看作一个处理单元，试图模拟人脑神经元的功能，可完成分类、聚类、特征挖掘等多种数据挖掘任务。神经网络的学习方法主要表现在权值的修改上。其优点是具有抗干扰、非线性学习、联想记忆功能，对复杂情况能得到精确的预测结果；缺点首先是不适合处理高维变量，不能观察中间的学习过程，具有“黑箱”性，输出结果也难以解释；其次是需较长的学习时间。神经网络法主要应用于数据挖掘的聚类技术中。

2. 决策树法

决策树是根据对目标变量产生效用的不同而建构分类的规则，通过一系列的规则对数据进行分类的过程，其表现形式是类似于树形结构的流程图。最典型的算法是澳大利亚的罗斯昆（J.R.Quinlan）于 1986 年提出的 ID3 算法，之后在 ID3 算法的基础上又提出了极其流行的 C4.5 算法。采用决策树法的优点是决策制定的过程是可见的，不需要长时间构造过程，描述简单，易于理解，分类速度快；缺点是很难基于多个变量组合发现规则。决策树法擅长处理非数值型数据，而且特别适合大规模的数据处理。决策树提供了一种展示类似在什么条件下会得到什么值这类规则的方法。比如，在贷款申请中，要对申请的风险大小做出判断。

3. 遗传算法

遗传算法模拟了自然选择和遗传中发生的繁殖、交配和基因突变现象，是一种采用遗传结合、遗传交叉变异及自然选择等操作来生成实现规则的、基于进化理论的机器学习方法。它的基本观点是“适者生存”原理，具有隐含并行性、易于和其他模型结合等性质。主要的优点是可以处理许多数据类型，同时可以并行处理各种数据；缺点是需要的参数太多，编码困难，一般计算量比较大。遗传算法常用于优化神经元网络，能够解决其他技术难以解决的问题。

4. 粗糙集法

粗糙集法也称粗糙集理论，是由波兰数学家帕拉克（Z. Pawlak）在20世纪80年代初提出的，是一种新的处理含糊、不精确、不完备问题的数学工具，可以处理数据约简、数据相关性发现、数据意义的评估等问题。其优点是算法简单，在其处理过程中可以不需要关于数据的先验知识，可以自动找出问题的内在规律；缺点是难以直接处理连续的属性，须先进行属性的离散化。因此，连续属性的离散化问题是制约粗糙集理论实用化的难点。粗糙集理论主要应用于近似推理、数字逻辑分析和化简、建立预测模型等问题。

5. 模糊集法

模糊集法是利用模糊集合理论对问题进行模糊评判、模糊决策、模糊模式识别和模糊聚类分析。模糊集合理论是用隶属度来描述模糊事物的属性。系统的复杂性越高，模糊性就越强。

6. 关联规则法

关联规则反映了事物之间的相互依赖性或关联性。其最著名的算法是美国拉凯什（R. Agrawal）等人提出的关联规则（Apriori）算法。其算法的思想是：首先找出频繁性，至少和预定意义的最小支持度一样的所有频集，然后由频集产生强关联规则。最小支持度和最小可信度是为了发现有意义的关联规则给定的2个阈值。在这个意义上，数据挖掘的目的就是从源数据库中挖掘出满足最小支持度和最小可信度的关联规则。

◆ 第二节　插件式微应用工具简介

插件式微应用数据共享服务平台是由国家电网公司自主开发的数据提取

和分析的工具。主要是用于满足监测分析业务需求。首先，形成了国家电网公司根据业务特性自主开展监测的业务管理体系，解决了各层级数据挖掘工作取数困难、数据监测不会开展等问题，有效推进了电力大数据应用的发展；其次，实现了灵活可扩展、可定制的监测业务固化平台。通过插件式微应用数据共享服务平台对监测业务的固化功能以及定制开发异动规则等功能，可以有效拓展监测业务体系；最后，实现了数据的安全可控流转。通过对登录用户与计算机绑定实现查询操作、数据导出可以后台记录并追溯，通过加密传输、登录用户后台监控等功能，实现了对数据应用过程的管控。

一、插件式微应用数据共享服务平台系统架构及配置

本平台将各业务系统中不同模块数据通过 SQL 语句进行集成关联，获取定制化数据，实现定制查询、任意连接数据源、导出 Excel 表格、层层钻取等功能，提高了数据核查的准确性和实效性。如图 1-1 所示。

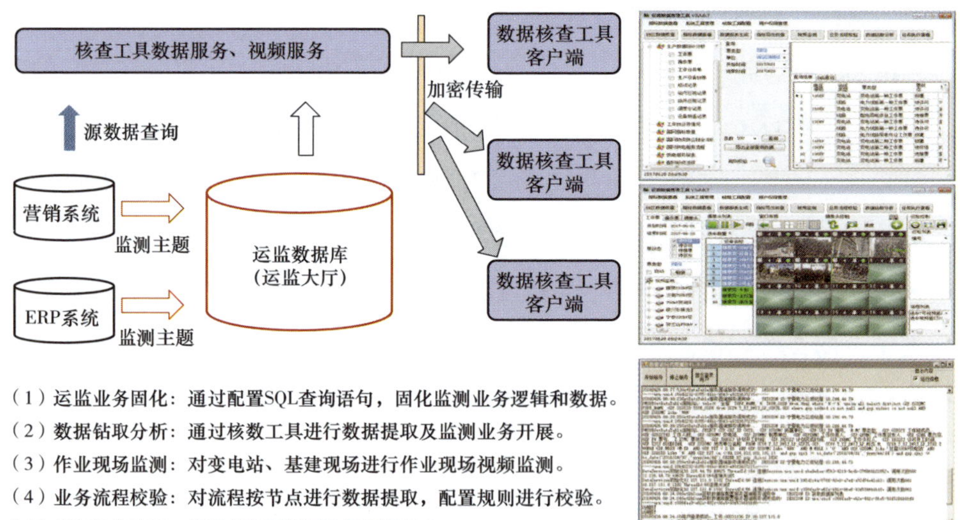

图 1-1　插件式微应用数据共享服务平台架构

（1）定制查询。根据监测业务实际需求，添加 SQL 查询语句，将所需的查询字段设置为“生成查询控件”。将核查无误后的语句配置在数据钻取模块，实现实时数据提取，方便用户根据不同的需求进行数据的查询，有效提高工作效率，如图 1–2 所示。钻取配置时应注意：SQL 语句要规范、完整，查询条件的格式要统一。

基础信息 | 钻取配置 | 数据预览 | 语言校验

格式化SQL，{}内定义查询参数名称，名称不能包含特殊字符和空格

```
SGPMS.S_CYC_TEST_PLAN T1,
SGPMS.C_METER_MP_RELA T2,
SGPMS.C_CONS T3,
SGPMS.C_MP T4,
SGPMS.C_METER T5
WHERE T.PLAN_ID = T1.PLAN_ID
AND T1.EQUIP_TYPE_CODE = '01' --电能表
AND T1.EQUIP_ID = T2.METER_ID
AND T2.MP_ID = T4.MP_ID
AND T3.CONS_ID = T4.CONS_ID
AND T2.METER_ID = T5.METER_ID
AND T4.STATUS_CODE <> '9'
AND T1.STATUS <> '03' -- 取状态不等于终止
AND T.CONTENT_CODE = '05' -- 电能表现场检验
AND T.PLAN_YM = '{统计周期}
GROUP BY DECODE(T5.ORG_NO, '64409', '64410', T5.ORG_NO)) A,
OMAC.PRO_K_DIM_RELA K
WHERE A.ORG_NO(+) = K.DIM_VALUE
AND K.DIM_CODE = '80000000'
AND K.TOP_DIM_LEVEL <= '4'
GROUP BY K.TOP_DIM_VALUE
```

图 1–2　定制查询功能界面

（2）任意连接数据源。根据配置需求，可灵活选取 ORACLE 或 MYSQL 等各种数据源并进行数据库连接，确保可以穿透至不同的业务系统数据库进行查询语句执行，如图 1–3 所示。

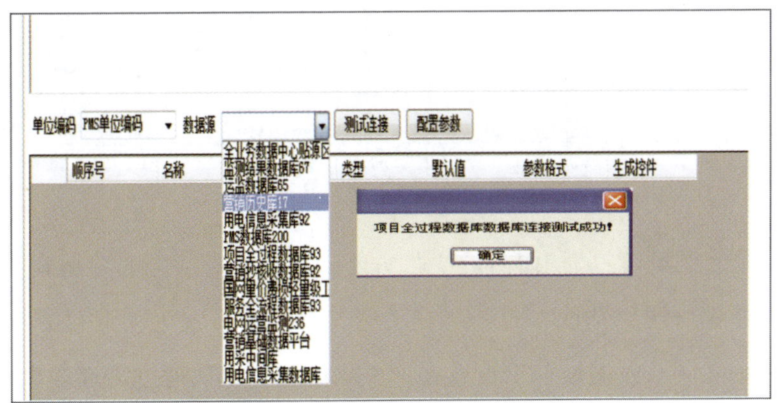

图 1–3　数据源连接界面

（3）灵活配置查询界面。通过配置查询参数，按文本、选择框、日期选择框等生成控件，组合形成查询界面，如图 1–4 所示。配置参数的步骤为：①选择相应的数据库；②数据库测试连接；③选择参数的类型、设置默认值。

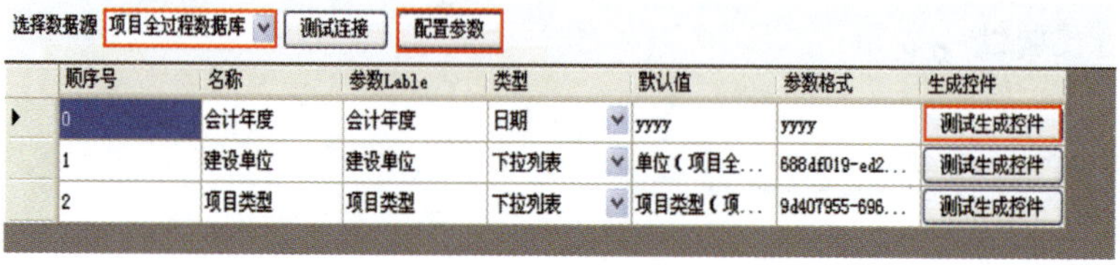

图 1–4　查询配置界面

（4）数据预览。完成参数配置后可以对“自动生成的数据查询界面”进行预览，点击数据查询，可根据查询条件提取所需数据宽表，在查询结果区域显示，如图 1–5 所示。

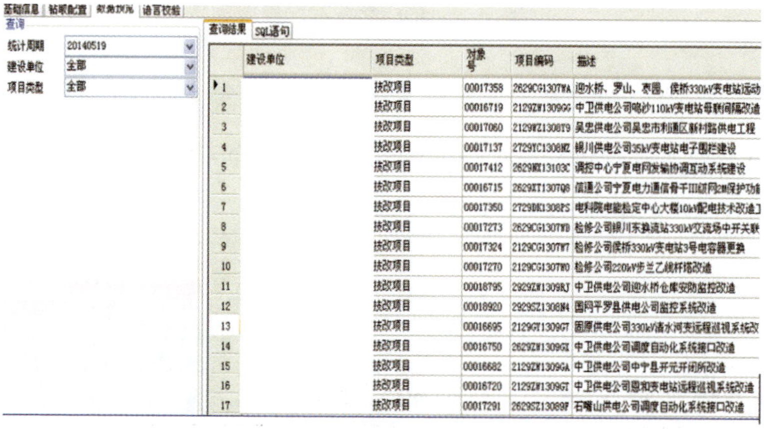

图 1–5　数据预览界面

（5）核查结果可以导出 Excel 文件方便核查异常数据，如图 1–6 所示。

（6）数据可层层钻取。对于存在关联关系的节点，可在汇总节点下配置一个或多个“下钻数据集”节点，在“关联配置”模块通过传递参数的方式，将上一节点有效数据传递至下一节点查询控制条件中，实现数据层层钻取功

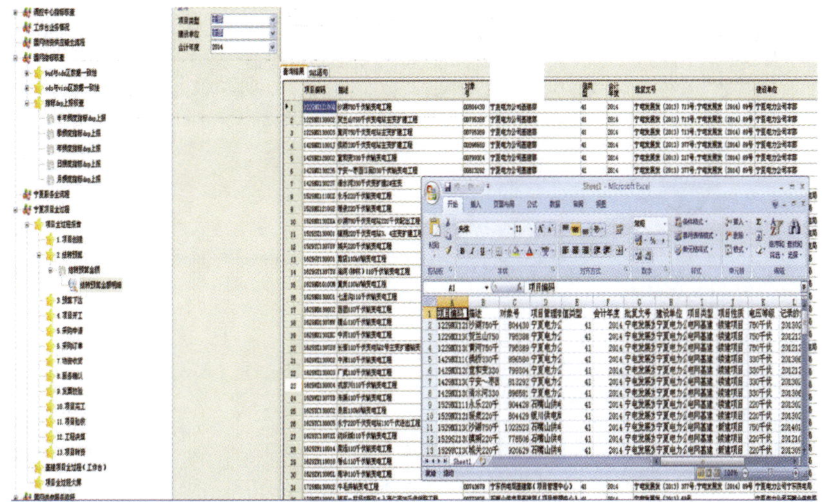

图 1-6　数据导出界面

能，如图 1-7 所示。

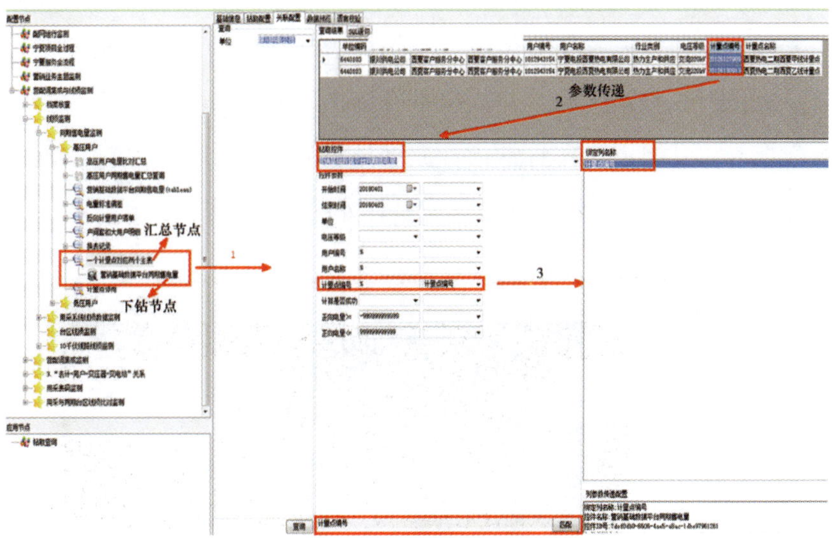

图 1-7　数据钻取界面

（7）自定义数据校验语句。根据业务规范，通过自主编写基于 C# 语言脚本的数据校验语句，实现对异动数据的核查，如图 1-8 所示。

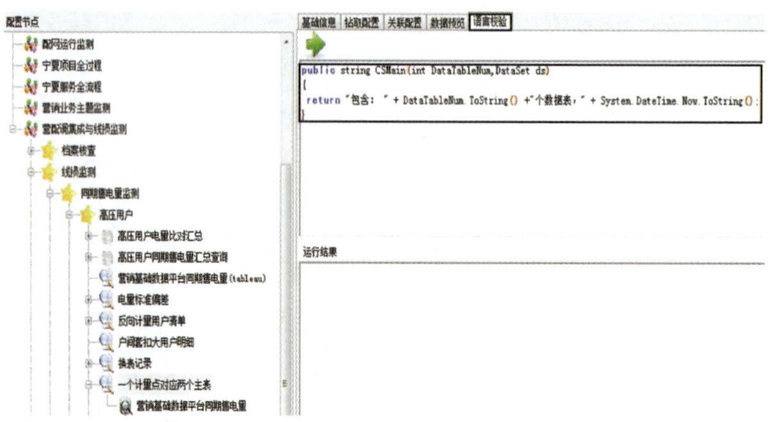

图 1–8　数据校验界面

二、数据核查工具应用功能介绍

1. 指标数据查看功能

指标数据查看功能为用户提供了图形化的展示界面，能够直观地以图形的形式展现指标趋势以及指标值的波动幅度，能够帮助用户快速地对指标数据问题做出分析和判断。此外，用户可以选择不同的查询维度来对指标历史趋势进行查看，方便用户在日常指标数据排查分析的工作中快速的确定业务指标数据的问题，从而提升业务数据质量，如图 1–9 和图 1–10 所示。

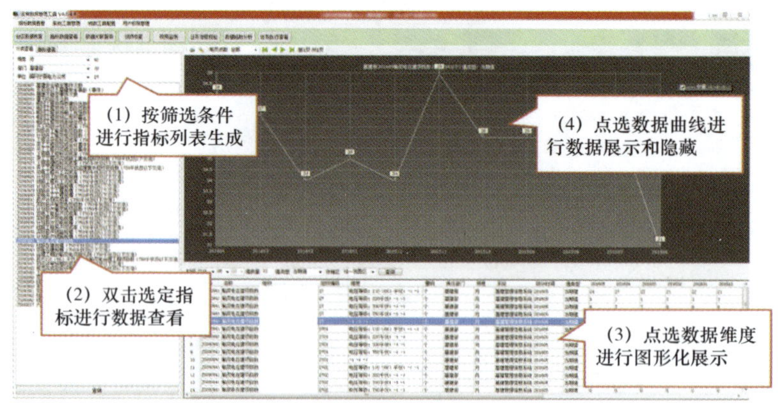

图 1–9　数据查看功能界面（分类查看功能）

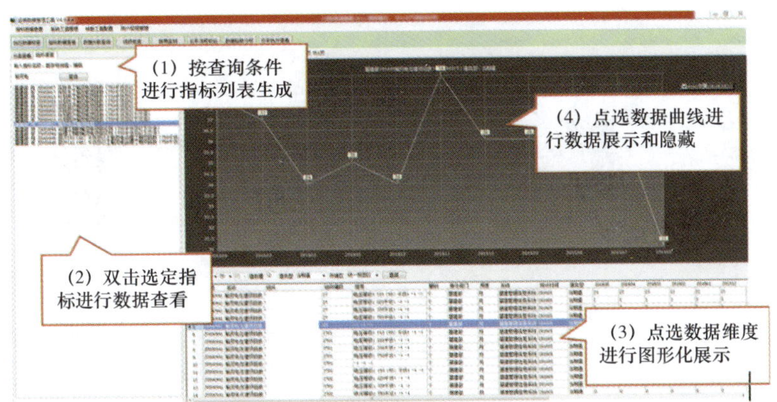

图 1–10　数据查看功能界面（指标速查功能）

2. 台区数据核查功能

台区数据查看新方法为用户提供了图形化的展示界面，能够直观地以图形的形式展现电压、电流、功率曲线波动幅度，能够帮助用户快速地对台区重过载、三相不平衡做出分析和判断。此外，用户可以选择不同的查询条件来对台区数据进行查看，方便用户在日常数据排查分析的工作中快速的确定台区问题，从而提升供电可靠性，如图 1–11 和图 1–12 所示。

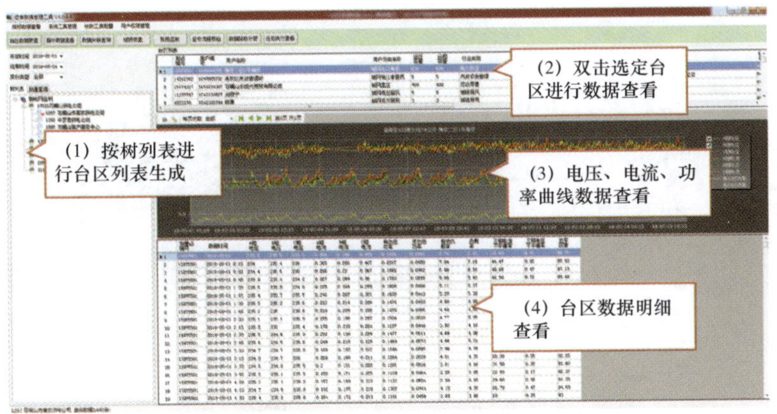

图 1–11　台区数据核查功能界面（按树列表查询）

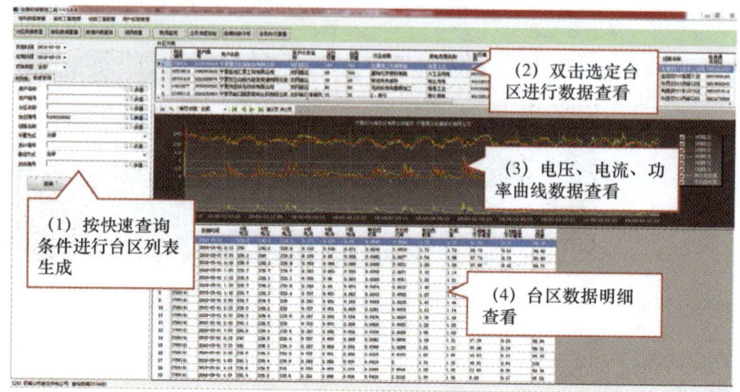

图 1–12 台区数据核查功能界面（快速查询）

3. 视频监测功能

监测人员利用生产作业现场视频监控功能，通过对工作票、操作票、工作任务单查询进行作业现场视频定位，加载摄像头至监测列表进行视频调阅。依据现场工作性质，判断现场作业与票面所列工作内容的符合程度，对作业中的工作人员违章行为进行监测，以生产作业现场安全违章异动、监控系统及设备异动、作业现场环境问题作为监测业务具体内容，从安全防护不到位、搬运操作违规、高处作业不合规、跨越安全围栏等 9 个监测关键点对生产作业现场进行远程监测。如图 1–13 所示。

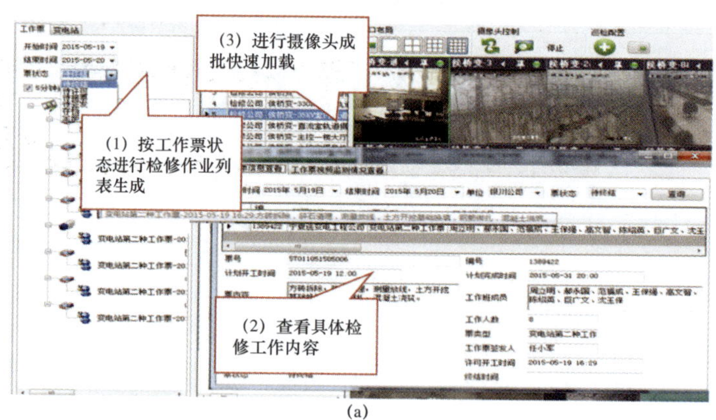

(a)

图 1–13 视频监测功能界面（一）
（a）按工作票查询

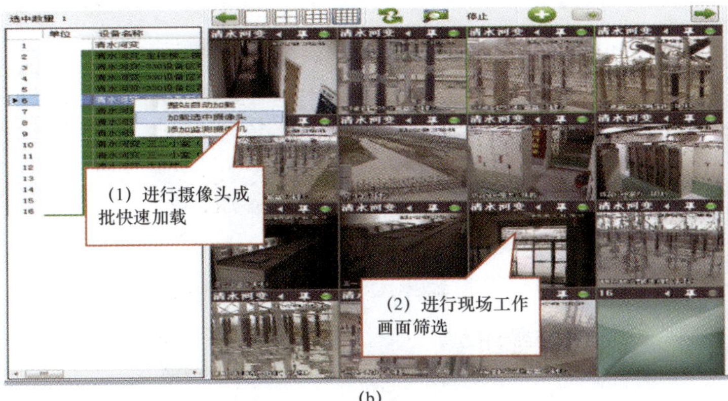

(b)

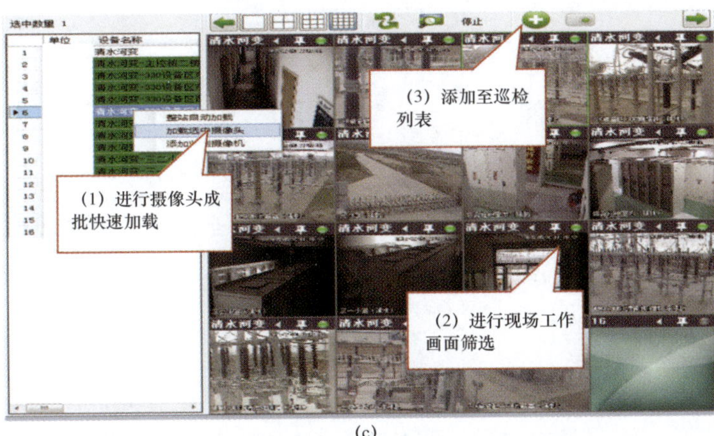

(c)

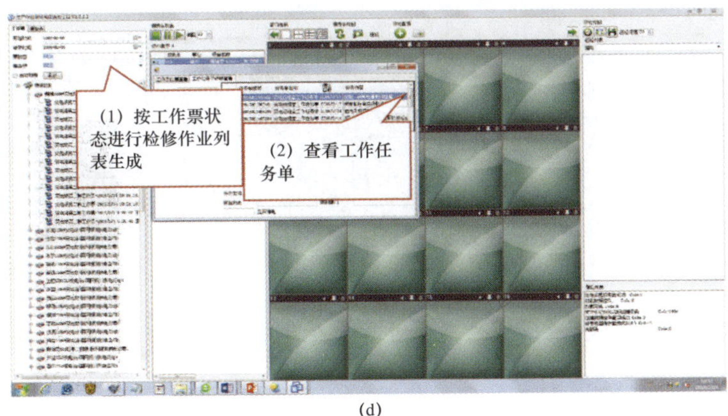

(d)

图 1-13　视频监测功能界面（二）

（b）按摄像头查询；（c）添加巡检；（d）查看工作任务

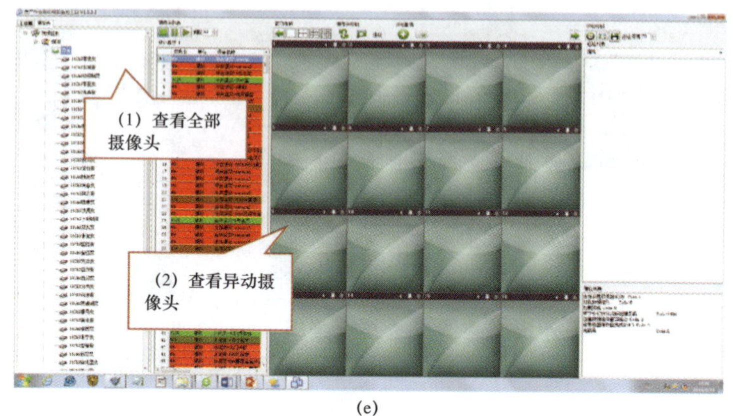

(e)

图 1-13 视频监测功能界面（三）
（e）查看异动摄像头

4. 业务流程还原功能

业务流程还原以灵活、可定制的方式进行流程数据的动态还原，树状结构、分层次的展示方式凸显数据之间的逻辑关系，通过将不同数据库的数据以动态的查询语句显示，实现数据共享，固化的 SQL 语句避免了重复性的工作，同时也可以实时校验数据，有效地提升了基础数据质量，如图 1-14 所示。

5. 数据钻取分析功能

数据钻取分析工具以灵活、可定制的方式进行明细数据的配置查询，树

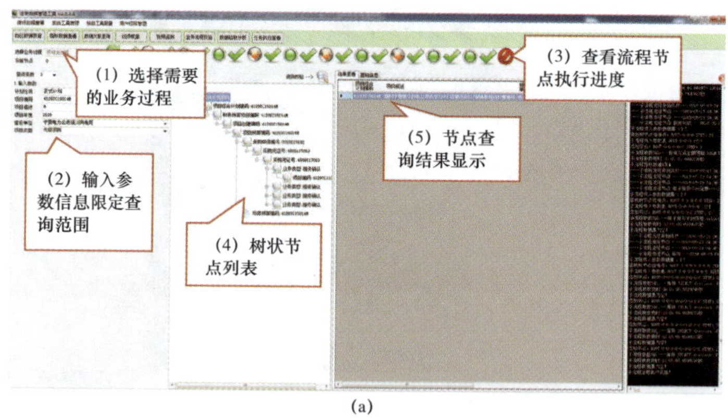

(a)

图 1-14 业务流程还原功能界面（一）
（a）功能说明

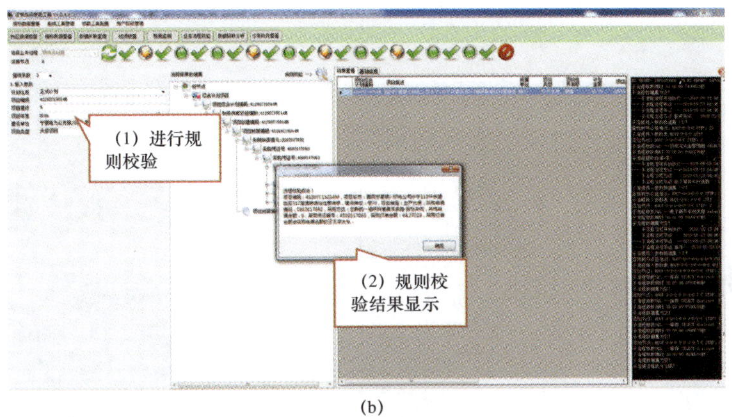

(b)

图 1-14 业务流程还原功能界面（二）
（b）校验结果

状结构分层次的展示各节点之间的逻辑关联关系，同时也可以实现数据的共享贯通，将不同数据库的明细数据以动态的查询语句，及时更新各节点的详细信息。查询条件的多样化便于用户多角度的数据查询分析，钻取节点可以细化到业务源端的明细数据，固化的 SQL 语句避免了重复性的工作，用户也可以通过配置的查询语句提高明细数据的查询效率，提升数据质量。同时，还具备数据校验功能，根据不同的业务规则，编写简易的 C# 逻辑判断语句，可实时校验异动数据，有效地提升数据质量整改工作，如图 1-15 所示。

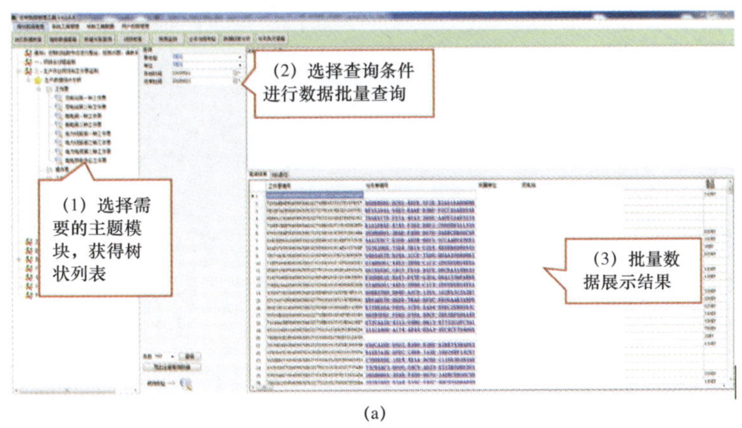

(a)

图 1-15 数据钻取分析功能界面（一）
（a）功能界面

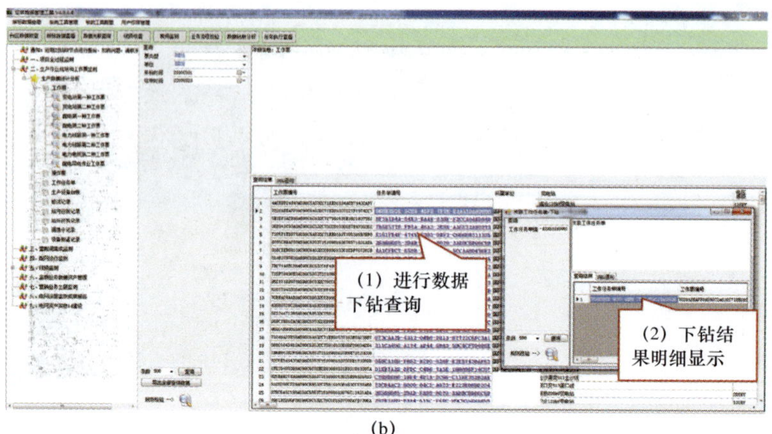

(b)

图 1-15　数据钻取分析功能界面（二）
（b）查询结果

第二章

项目全过程监测

电力产业是国家经济的基础性产业，关乎国计民生的发展及社会的稳定，因此国家电网公司工程项目的管理十分重要，对国家电网公司工程项目进行全过程、精细化的管理是保证电力工程质量的关键。本章从项目全过程监测的监测内容、监测方法、监测频度、监测价值意义、监测规则在制度方面的依据等方面进行说明。以国家电网公司的实践经验为依据对项目监测点及监测点对业务管理起到的促进作用进行描述，方便监测业务开展以及监测目的性和价值导向的强化。对监测点的核查方法的操作以及线下需要现场实地调研的内容进行说明。同时，以示例的形式对部分监测案例进行举例，分析监测节点业务管理出现异动的常见管理问题和影响因素。

◆ 第一节 监测业务框架

项目全过程关键流程的监测对象包括基建、大修、技改、专项成本、营销、固定资产零购、科技、信息、小型基建、管理咨询等10余类项目，数据来源涉及ERP系统、PMS系统、财务管控系统、基建管控系统等信息系统，以项目管理业务流程明细数据为基础，并结合部分线下数据收集，进行项目关联分析。

按照项目全流程的项目前期、工程前期、建设实施、总结评价四大阶段划分，主要围绕计划下达、预算下达、项目创建、需求提报、废旧物资处置、财务入账、审计等20个关键业务节点发生的资金、时间、数量等属性，通过对项目编号、采购订单编号等数据字段作为主键关联，实现项目各环节明细业务信息的贯通。从合法合规、执行进度、数据质量、趋势研判四个视角，对项目管理过程进行适时监测。准确发现问题，及时纠偏，提升项目综合计划执行的规范性，促进跨部门业务节点的有效衔接。图2-1为项目全过程监测业务流程框架图。

◆ 第二节 监测视角及主题

本节从项目前期阶段监测、工程前期阶段监测、项目建设实施阶段监测和项目总结评价阶段监测四个视角开展项目全过程监测。

一、项目前期阶段监测

项目前期阶段监测目前主要围绕计划及预算下达、项目创建2个环节的项目编码、项目名称、项目内容、投资金额、年度计划金额、完成时间等重要信息属性进行监测。

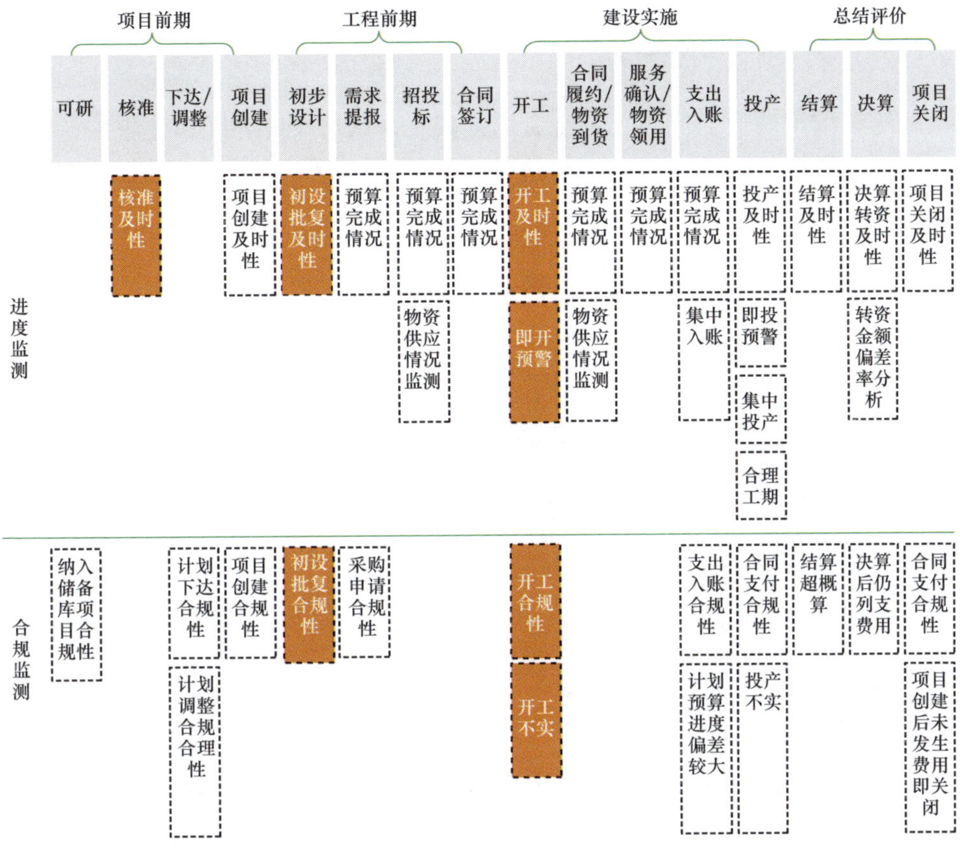

图 2-1 项目全过程监测业务流程框架图

异动监测点包括计划与预算一致性监测、项目立项合规性监测、项目名称及编码创建与计划一致性监测、项目创建及时性监测，共计 4 个监测点。

主要目的是针对项目下达内容是否同项目类型一致，计划金额、项目编码、项目名称是否正确，是否存在立项不合理、立项重复、项目拆分等现象开展监测，考查和评价项目在立项、储备以及创建等前期阶段的准备工作是否充分、是否合法合规，督促项目管理部门在储备环节认真调研，确保项目储备质量，并及时在 ERP 系统中创建，为项目后续环节的执行奠定坚实基础。

二、工程前期阶段监测

工程前期阶段监测主要围绕需求提报、采购订单（含超市化采购、框架协议采购）、合同签订 3 个环节的采购申请金额、采购订单金额、合同签订金额、采购内容以及完成时间等重要信息属性进行监测。

异动监测点包括采购申请准确率监测、采购申请合规性监测、需求提报和采购订单内容与项目计划内容的一致性监测、采购订单金额过小监测、采购订单供货厂商监测、采购订单删除情况监测，共计 6 个监测点。

主要目的是对项目实施中所需的物资、服务需求提报和招标采购数量、资金、准确性、及时性、合规性进行评价和适时监测，对于监测出的问题，调研分析异动根因，挖掘项目管理问题，促进项目管理单位在工程实施准备环节充分、合规准备，进一步提升项目管理的规范性、可控性。

三、项目建设实施阶段监测

项目建设实施阶段监测主要围绕项目开工、合同履约（即物资收货和服务确认）、库存物资（含废旧物资处置）、领用（即物资发货）、发票校验（含应付暂估）、支出入账（含项目月结）、项目完工 7 个环节的工程开工、物资收货、服务确认、支出入账、发票校验的资金、数量、日期、实施内容等重要信息属性进行监测。

异动监测点包括开工及时性、真实性、合规性监测，项目物资收货及时性监测，应付暂估款监测，物资收货内容与项目计划实施内容一致性监测，服务确认进度与实际不符监测，服务确认内容线上线下一致性，发票校验及时性监测，支出入账金额超发票校验金额监测，发票校验冲销监测，财务入账进度与实际不符，支出入账超领用，支出入账环节反复冲销，投产真实性监测，超短工期监测，项目形象进度与实际不符监测，共计 16 个监测点。

主要目的是从项目开工、物资到货、服务确认、发票校验等项目实施的重要环节方面的进度、合规性视角对项目明细开展监测，定位发现项目在执行过程中出现的开工及时性、真实性、开合规性、物资到货率和及时性、履约及时性和真实性、线上线下履约内容一致性、应付暂估、废旧物资处置情况等重点问题，为后续项目进度管控及计划编制提供趋势研判依据，提升项目管理的规范性、可控性。

四、项目总结评价阶段监测

项目总结评价阶段监测主要围绕资本性项目转资、项目审计、项目关闭、项目付款 4 个环节的项目（转资、付款、送审、审定）时间、资金等重要信息属性进行监测。

异动监测点包括付款的 3 个节点（预付款、到货款、质保款）支付是否合规、项目创建及时性监测，共计 4 个监测点。

主要目的是针对项目实施完毕后对项目结算、项目审计决算、转资固定资产、项目付款、项目关闭的及时性和合规性等现象开展监测，以促进项目管理部门及时完成项目转资、结算、审计决算、付款、关闭，提升项目总结评价水平，促进项目经营管理水平。

◆ 第三节　监测业务规则

业务监测规则的设定是业务监测分析工作的核心，本节将结合国家电网公司关于项目管理的相关规定，确定项目全过程业务监测的规则。

一、项目前期阶段监测规则

（1）计划与预算一致性：新建项目计算单体项目“计划金额”同“预算下达金额”的差值，差值不为零则视为计划与预算不一致。续建类项目计算单体项目“总投资”同“预算下达金额”的差值，差值不为零则视为计划与预算不一致。

（2）项目立项合规性：判断“项目内容”是否存在多个项目内容重叠、相似的现象，若发现上述问题，需进一步核实原因。

（3）项目创建名称及编码与计划一致性：核查 ERP 系统“项目编码、名称”是否与综合计划项目（含预安排）表中相应字段内容保持一致。

二、工程前期阶段监测规则

（1）单个采购申请准确率：比对“采购申请金额”“采购订单金额（含税）”两个字段，若｜采购申请金额 - 采购订单金额（含税）｜＞采购订单金额（含税）× 20%，则该条目为异动，需核实异动原因。

（2）采购申请合规性：比对“创建日期”“项目批复时间”两个字段，若项目的“创建日期”早于“项目批复时间”则为异动。按照《国家电网公司输变电工程进度计划管理办法》25.2 条规定：项目核准、初设批复之前，不得安排物资采购与施工招标。

（3）需求提报、采购订单内容与项目计划内容的一致性：比对“创建日期”“项目批复时间”两个字段，若项目的“创建日期”早于“项目批复时间”则为异动；按项目进行关联，比对采购订单“短文本”描述、“项目内容”，判断采购物资、服务与项目计划内容描述是否存在严重不符，是否存在成本性项目采购资本类物资的情况。按照《国家电网公司输变电工程进度计划管理办法》25.2 条规定：项目核准、初设批复之前，不得安排物资采购与施工招标。

（4）采购订单金额过小监测：重点监测单个采购订单总金额小于 100 元为疑似异动。

（5）采购订单供货厂商监测：核查采购订单的供货厂商情况，重点监测是否存在同一厂商对应多个项目，厂商与项目内容无关的情况。

（6）采购订单删除情况监测：筛选 ERP 系统单体项目采购订单中“删除

标识”字段为“L”标识的条目，通过“短文本”“采购申请编号”找到与该删除条目内容一致的采购订单条目，若它们之间的“采购凭证创建时间”相差一个月，则列为异动，需调研核实其异动原因。

（7）超市化采购是否存在线下换货情况：判断超市化采购请购单清单中是否存在线上采购内容同线下收货不一致的情况。

（8）超市化采购金额、数量过大：结合各单位业务范围及设备资产价值、人员数量等情况，分析判断超市化采购请购单清单中是否存在某类物资的采购数量、金额过大或某种物资采购单价过高的情况。

（9）协议库存实施范围监测：比对协议库存订单中采购物资是否属于两级集中采购目录范围以外的物资。

（10）服务类框架协议最终报价监测：查看二次谈判成交通知书，监测成交服务商的最终报价是否超过公司采购时中选报价（折扣率）。

（11）服务类框架协议合同金额：查看项目合同，监测非成本项目施工单项合同金额是否超过200万元，勘察、设计、监理等单项合同金额是否超过50万元。

（12）合同内容、金额一致性：比对ERP系统中合同签订汇总明细与合同文本中采购物料名称、数量、总金额是否一致，同时查看合同文本内容是否为开口合同。

（13）合同签订合规性监测：在采购订单汇总明细中，对“采购方式名称”列进行筛选，排除采购方式为“超市化采购”“协议库存”所有条目；在“采购凭证日期”列进行筛选，排除采购订单创建时间距当前时间节点不足30天的条目，剩余条目则为异动。通过线下调研、核对等方式查找是否存在未签合同先行采购的现象。

三、项目建设实施阶段监测规则

（1）开工及时性：分别从未开工延期、已开工但延期两方面开展监测。

实际未开工且监测日期已超过了“计划开工日期”，为未开工延期；“实际开工时间”超过“计划开始日期”，判定为已开工延期。

（2）开工真实性：通过对采购合同的签订和物资领用情况发现开工不实项目。从“实际开工日期”起计，开工日期前合同签订金额或采购订单金额为零或开工日期后 2 个月内物资收货及领用金额为零则判定为异动。

（3）开工合规性：通过对已经开工（获取了“实际开工日期”）项目进行人工前置环节追溯。如果未签订供货（施工）合同或未获取施工许可先开工则判定为异动。

（4）物资收货及时性：收货及时率低于 90% 的项目，视为异动问题。

（5）应付暂估款：跨月应付暂估款订单，视为异动问题。

（6）物资收货内容与项目计划实施内容一致性：比对物资收货明细和综合计划项目中对应项目内容，发现内容不一致的项目则视为异动问题。

（7）服务确认进度与实际不符：若现场施工进度落后于服务确认进度，则存在“服务确认进度与实际工程进度不一致”的情况。

（8）确认金额多次冲销：对服务确认金额字段数值进行比较，存在数值“一正一负”（即冲销数据）的服务确认凭证，采用线下调研的方式进行原因核查。

（9）服务确认内容线上线下一致性：结合项目服务确认明细及 PMS 系统各类工作票，采取线下调研的方式，判断是否存在“线上服务确认内容与实际发生服务内容不符”或“未履行服务便进行确认”的现象。

（10）发票校验及时性：通过对应付暂估明细中收货日期与当前时间进行比较，提取超过 1 个月以上的应付暂估信息进行异动原因核查。

（11）支出入账金额超发票校验金额：对各类项目的支出入账金额与发票校验金额之间差额过大的项目进行监测，项目支出入账金额大于发票校验金额的 120%，则初步判定该项目在此两个环节上存在异动情况。

（12）发票校验冲销异动：统计发票校验冲销的项目，进行异动分析判断。

（13）物资冲销、退库、调配金额过大：判断物资冲销、退库、调配业务的累计发生金额较高，则为异动，需同项目建设单位进一步核实其原因。

（14）财务入账进度与实际不符：对新建项目计算单个项目“财务入账完成率”（即投资完成 / 计划金额 ×100%，若为续建项目则为投资完成 / 总投资 ×100%），若“财务入账完成率”大于 90%，可视为该项目已完工，结合线下调研项目实际进度，如未完工则为入账超前异动。

（15）支出入账超领用：提取“支出入账超领用”的项目。计算公式为：领用金额 = 物资发货金额 + 服务确认金额；{（支出入账金额 - 领用金额）/ 领用金额} > 20%，则视为异动项目。反映该项目支出入账中存在调账、财务手工入账的情形，使用核查工具中数据钻取异动项目“投资完成”数值，查询入账明细，进行逐笔核查，发现其异动的原因。

（16）支出入账环节反复冲销：由于 ERP 财务入账环节当中数据是由“服务确认”（项目执行部门）、“物资发货”（物资管理部门）、“相关其他支出”（财务做账）三个部分构成，因此在“物资发货”和“服务确认”环节中，存在反复冲销情形。对多次冲销及反复冲销的项目进行异动抽取，并核实反复冲销产生的原因。

（17）投产不实监测：完工项目支出入账率低于 30% 的项目，则视为异动项目。

（18）超短工期监测：对电网基建项目的计划 / 实际工期进行监测，发现工期不足 3 个月的完工项目，则视为异动项目。

（19）项目未完工监测：统计年度内未完工项目，则视为异动项目。

（20）项目形象进度与实际不符：对项目执行明细及 PMS 系统查询的各类工作票信息，采取线下调研的方式，判断是否存在“项目形象进度与实际不符”或“未施工便完工”的现象。

四、项目总结评价阶段监测规则

（1）转资及时性：按照通用制度管理规定，设定该监测异动规则为

“220kV 及以上基建项目决算转资时长超过 180 天，220kV 以下电网基建及其他工程决算转资时长超过 90 天”。比对转资过账日期与项目实际竣工日期，发现项目是否存在转资延迟情况，如项目已完工但无转资过账日期且转资金额为空，则视为该项目“应转资未转资”异动。

《国家电网公司工程财务管理办法》第四十二条对工程竣工决算时间要求为：①电源、220kV 及以上电网和产业基建工程在竣工验收交付使用后 6 个月内完成决算编制工作；② 220kV 以下的电网基建和其他工程在竣工验收交付使用后 3 个月内完成决算编制工作。原则上，技改、营销和信息化工程竣工当年完成决算编制。

（2）项目关闭及时性：从 ERP 系统项目关闭明细中筛选“系统状态”字段为空的项目，查询“项目性质”，通过 ERP 系统事务代码“CJ20N”查询“项目完成日期”，判断新建项目是否在项目完工一年内关闭，续建类项目是否在项目完工两年内关闭。

（3）项目付款比例与合同约定一致性：通过钻取“项目付款”明细，调取各项目付款明细表，以供应商名称梳理出付款额度及比例，比对实际合同签订的支付条款约定，确定该项目支付过程中是否存在付款未按约定执行情况，如支付已达 100% 是否存在未按照规定留质保款情况。

（4）项目付款进度与项目实际一致性：调取项目付款总金额，用付款金额与该项目挂账金额比，得出项目支付比例，若项目支付达到 85% 以上可视为该项目已完工，可实地进行核对该项目是否确已完工。

《国家电网公司工程财务管理办法》第四十二条规定，施工合同进度款累计结算付款不超过工程价款的 85%，剩余工程价款应在工程验收并完成结算审价后，以经确认的竣工结算报告为结算依据，扣除合同约定的工程质量保证金后按国家有关规定的期限办理单项工程结算支付手续。

◆ 第四节　监测分析实例

本节将根据上文所述的监测视角和监测规则，结合实际的项目全过程案例，分析项目全过程管控中存在的问题。

一、项目前期阶段监测实例

【案例 1】项目计划监测

2015~2017 年，公司共下达项目计划 47 个批次，涉及项目 9786 个，其中，2015 年项目投资占比 33.83%，2016 年项目投资占比 28.26%，2017 年项目投资占比 37.91%。按项目类型分析，投资占比前三的项目类型是基建项目（60.07%）、技改项目（13.14%）、大修项目（12.12%）。2015~2017 年各类型项目投资占比情况如图 2-2 所示。

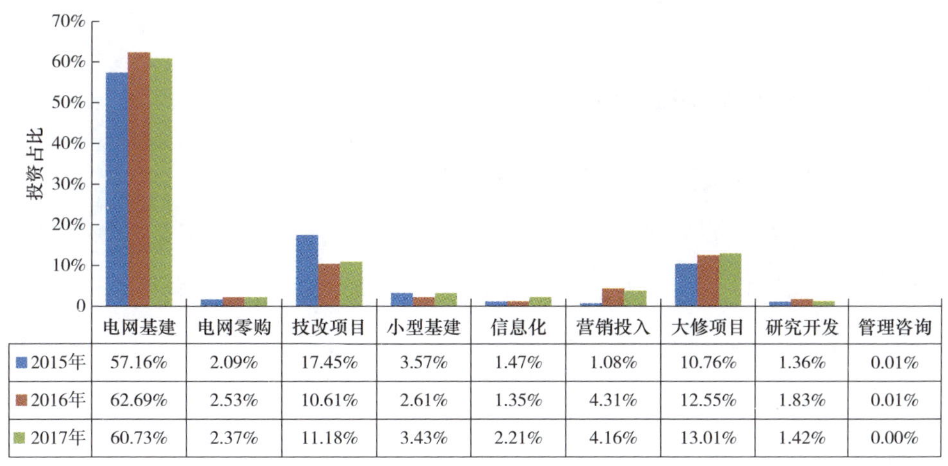

	电网基建	电网零购	技改项目	小型基建	信息化	营销投入	大修项目	研究开发	管理咨询
2015年	57.16%	2.09%	17.45%	3.57%	1.47%	1.08%	10.76%	1.36%	0.01%
2016年	62.69%	2.53%	10.61%	2.61%	1.35%	4.31%	12.55%	1.83%	0.01%
2017年	60.73%	2.37%	11.18%	3.43%	2.21%	4.16%	13.01%	1.42%	0.00%

图 2-2　2015~2017 年各类型项目投资占比情况图

【案例 2】项目创建不及时监测

截至 2 月 28 日，公司 1668 项综合计划项目中，ERP 系统已创建 1661 项，项目创建率 99.58%，其中，生产大修、电网零购、技改项目、小型基建、信息化、营销投入项目创建率均为 100%；电网基建有 4 个项目创建不及时，创建率 98.70%；研究开发项目有 2 个创建不及时，创建率 96.92%；专项成本有 1 个项目创建不及时，创建率 98.81%。按项目类型分析项目创建情况图如图 2-3 所示。

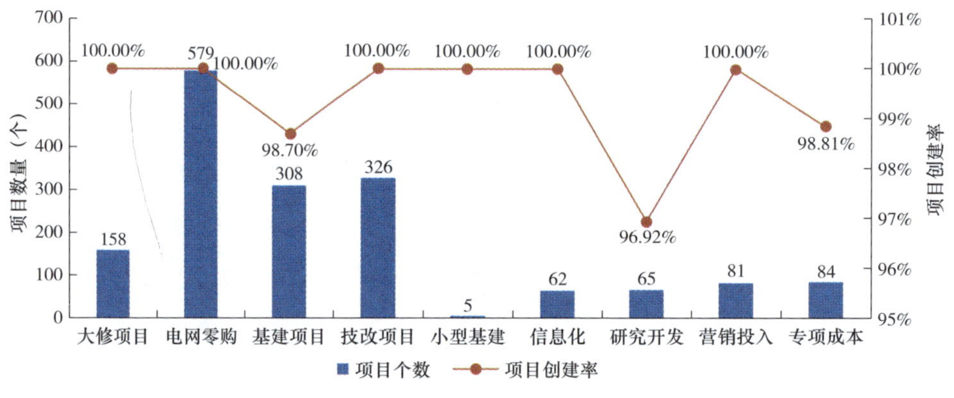

图 2-3 按项目类型分析项目创建情况图

二、工程前期阶段监测实例

【案例 1】项目采购申请准确率情况监测

对某年新建项目采购申请提报、采购订单执行的准确性开展监测（采购订单金额与采购申请金额差值大于采购订单金额的 50%），共发现异动订单数 135 个，其中电网零购项目异动比例较大，占 35%；小型基建项目异动比例最小，只有 5%。建议相关部门、单位进一步提高采购申请的创建质量。采购申请准确率分析图如图 2-4 所示。

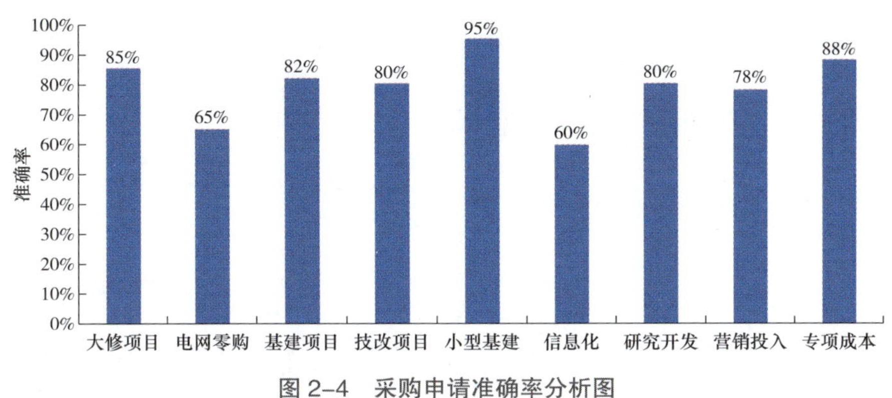

图 2-4　采购申请准确率分析图

【案例 2】项目采购订单创建情况监测

某公司 6 月，新建项目采购订单创建完成率 69.75%，环比提升了 6.95%。按项目执行单位分析，F 公司、E 公司、D 公司项目执行进度较为缓慢，提升幅度较小。S 公司、V 公司、A 公司、Z 公司项目执行进度较快，提升率较高，如图 2-5 所示。

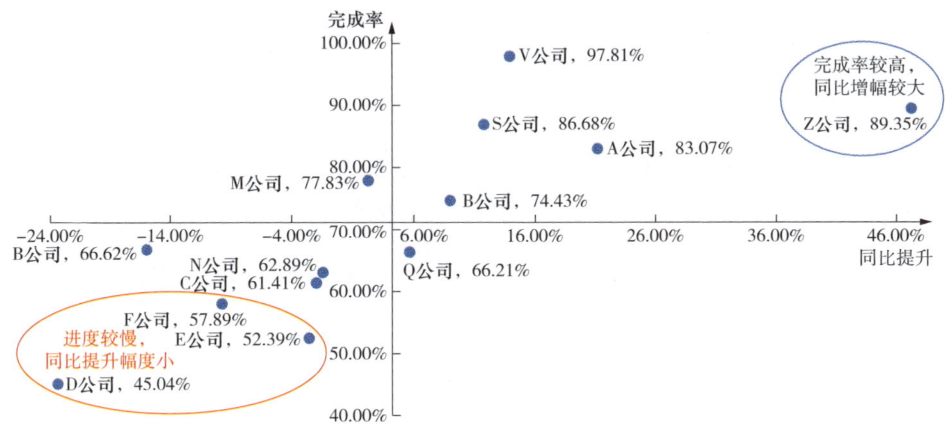

图 2-5　按项目执行单位采购订单完成情况分析图

按项目类别进行分析，专项成本项目执行进度较为缓慢，提升幅度较小（完成率 21.52%，同比降低 20.12%）。信息化项目（完成率 86.57%，同比增长 7.2%）、技改项目（完成率 74.41%，同比增长 7.26%）、电网基建项目（完成率 72.50%，同比增长 8.72%）执行进度较快，提升率较高，如图 2-6 所示。

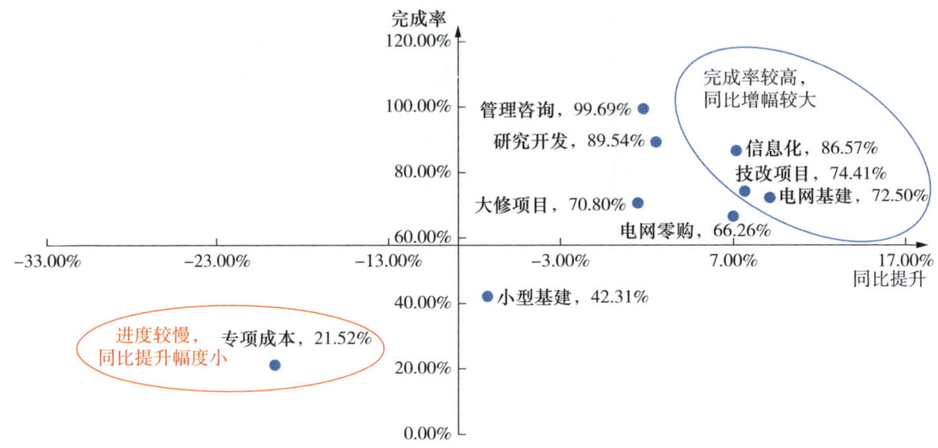

图 2-6　按项目类型采购订单完成情况分析图

【案例 3】项目协议库存物资匹配情况监测

某公司某年度项目以协议库存的方式采购的物资占比 35.23%，截至监测月，匹配完成率 93.88%。按物资大类分，匹配率最高的物资为五金材料（螺栓、螺杆），达到 128.64%，物资匹配率已超过 120% 的管理规定阈值，匹配供应商仅一家；已出现超匹配（匹配率＞ 100%）的物资是一次设备和低压电器，匹配率已达到 105.63%、113.42%；匹配率最低的物资为工器具，匹配率为 44.95%；已匹配金额最多的物资为装置性材料，匹配率[1]为 92.22%，如图 2-7 所示。

按供应商分，35 个协议库存供应商中，匹配率不足 10% 的 3 个，匹配率超过 80% 的供应商 23 个，其中 21 个供应商物资匹配率已超过 100% 匹配率（满匹配），并接近 120% 匹配率上限（超匹配），如图 2-8 所示。

与其他 5 个公司比较，E 公司总体协议库存物资匹配率最高（94.41%），相比匹配率最低的 F 公司（61.08%），高 33.33 个百分点，如图 2-9 所示。

[1] 匹配率＝已匹配物资总金额 / 协议总价，物资管理规定要求物资匹配率应为 [80%，120%]。

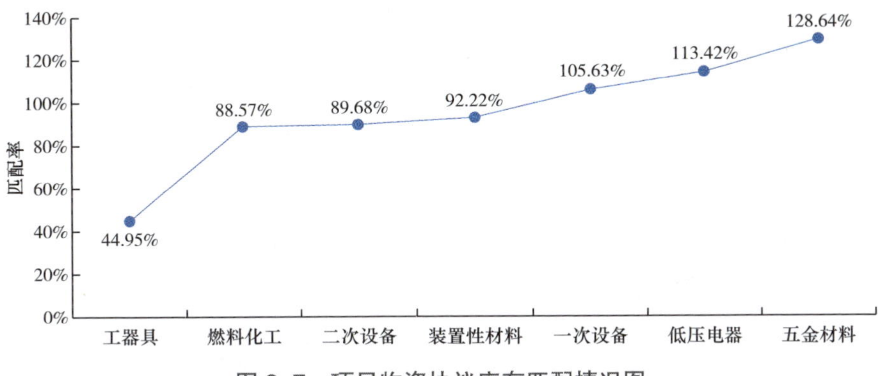

图 2-7　项目物资协议库存匹配情况图

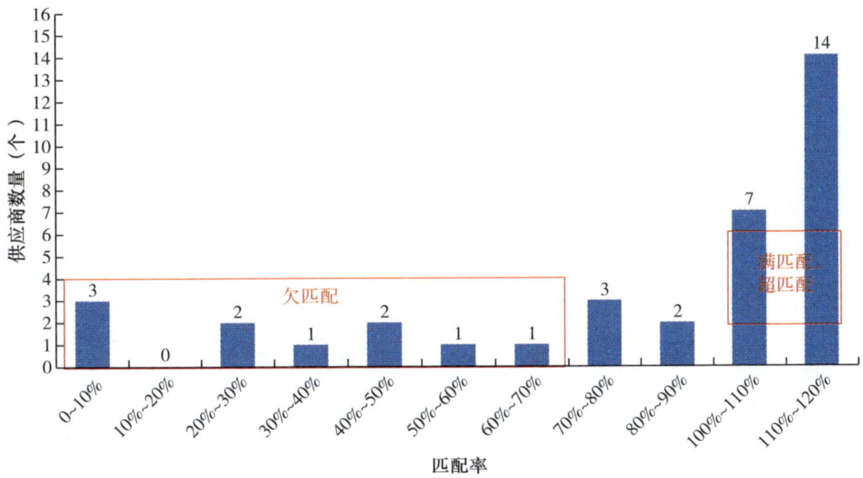

图 2-8　项目协议库存供应商匹配率分布图

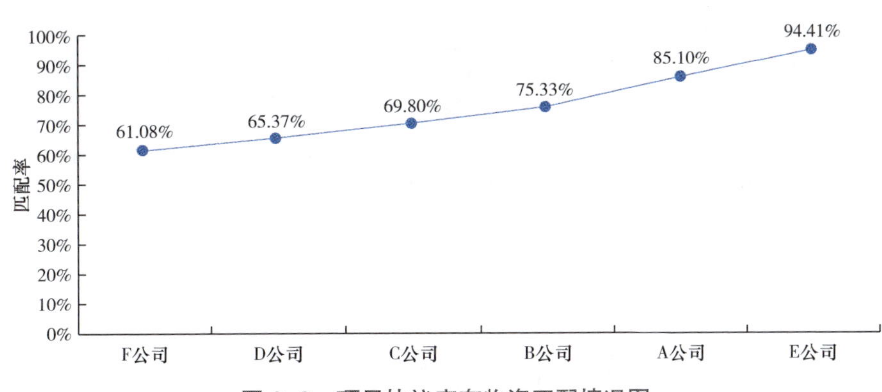

图 2-9　项目协议库存物资匹配情况图

总体而言，E 公司相比其他 5 个地市公司协议库存物资匹配率较高，到货率处于中间位置，但各供应商物资匹配份额及各大类物资匹配情况存在较大差异，甚至个别物资（如螺栓、螺杆等五金材料）出现实际需求匹配远超过计划协议总价的现象。

项目管理人员应加快协议库存物资匹配，及时创建采购订单，物资部在协议库存物资匹配过程中，应积极指导项目单位充分提报需求计划、均衡匹配，在满足工期要求、工程本期前期配套、区域就近原则的前提条件下，进行必要的调配，避免供应商匹配份额差异过大。

【案例 4】项目合同签订情况监测

某公司某年合同签订规范率提升明显，承办合同超期率由上半年的 2.76% 降低至下半年的 0.88%；合同会签超期率由上半年的 41.56% 降低至下半年的 11.90%。

1~6 月，某公司承办合同 652 份，超期 271 份，超期占比 41.56%；7~12 月，承办合同 1025 份，超期 122 份，超期占比 11.90%。

某年，累计发生审核超期合同 393 份，占承办合同总数的 23.43%，如图 2-10 所示。

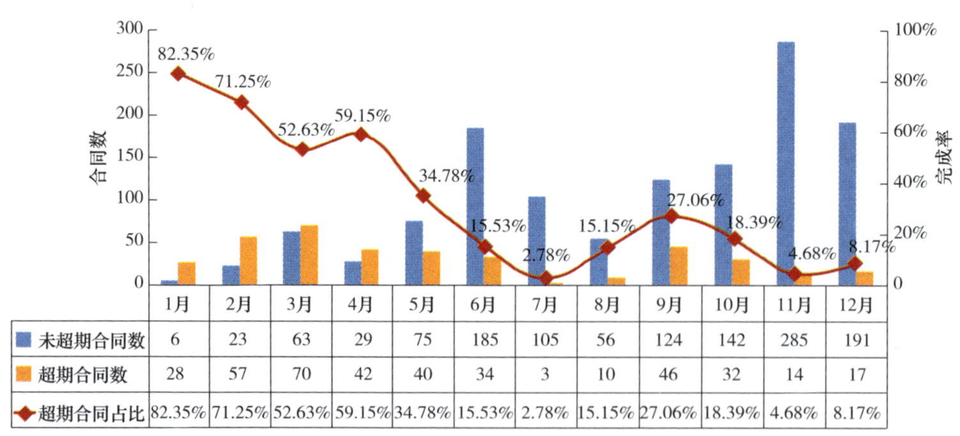

	1月	2月	3月	4月	5月	6月	7月	8月	9月	10月	11月	12月
未超期合同数	6	23	63	29	75	185	105	56	124	142	285	191
超期合同数	28	57	70	42	40	34	3	10	46	32	14	17
超期合同占比	82.35%	71.25%	52.63%	59.15%	34.78%	15.53%	2.78%	15.15%	27.06%	18.39%	4.68%	8.17%

图 2-10　超期合同分布情况图

（1）承办单位合同超期情况。如图 2-11 所示，安质部超期合同占比 54.55%；发展部超期合同占比 45.45%；B 公司超期合同占比 44.44%；A 分公司超期合同占比 43.18%；C 分公司超期合同占比 32.39%；调控中心超期合同占比 32.14%，相对超期合同占比较多。

（2）会签部门审核超期情况。如图 2-12 所示，某年发生会签部门审核超

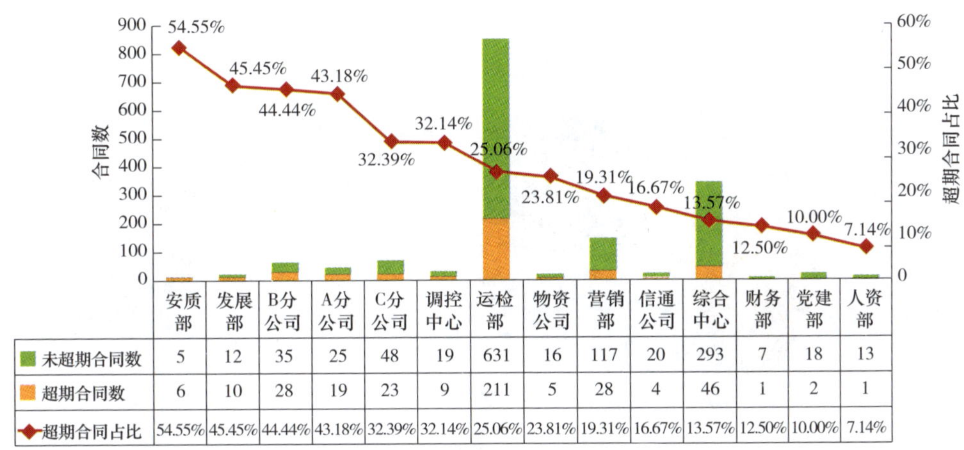

	安质部	发展部	B分公司	A分公司	C分公司	调控中心	运检部	物资公司	营销部	信通公司	综合中心	财务部	党建部	人资部
未超期合同数	5	12	35	25	48	19	631	16	117	20	293	7	18	13
超期合同数	6	10	28	19	23	9	211	5	28	4	46	1	2	1
超期合同占比	54.55%	45.45%	44.44%	43.18%	32.39%	32.14%	25.06%	23.81%	19.31%	16.67%	13.57%	12.50%	10.00%	7.14%

图 2-11　超期合同分布情况图

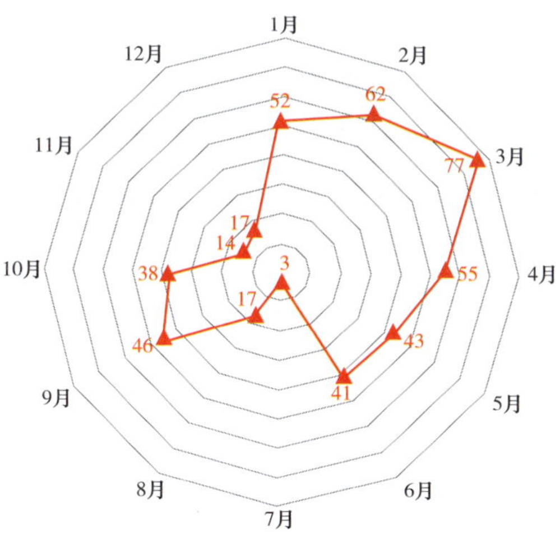

图 2-12　合同会签部门审核超期分布情况图

期465起。按会签月份分析，1~6月会签超期较多，共330起，占比70.97%；7~12月会签超期135起，占比29.03%。

（3）会签环节审核超期情况。如图2-13所示，承办部门内部会签超期164起，占比35.42%；财务部会签超期109起，占比23.54%；承办人确认超期49起，占比10.58%；流程结束超期42起，占比9.07%；运检部会签超期42起，占比9.07%，相对超期较多。

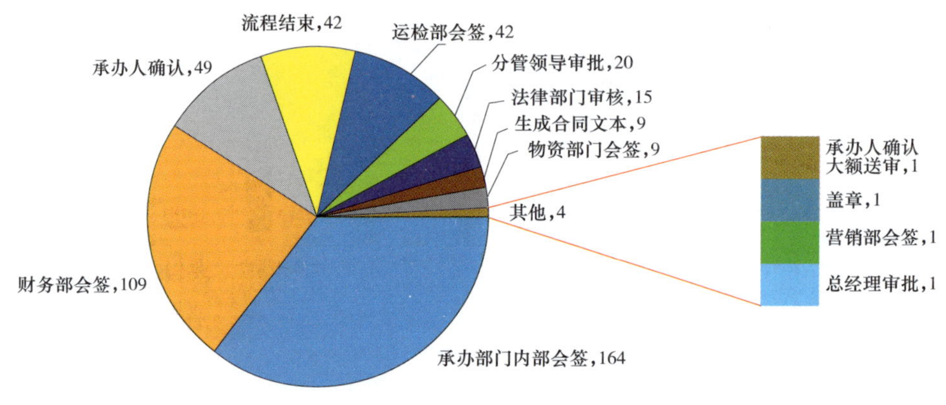

图2-13　合同会签超期分布情况图

三、项目建设实施阶段监测实例

【案例1】项目物资到货情况监测

某月，A公司综合计划项目物资到货率[1]为80.65%，按物资大类分，A公司到货率最高的是低压电器协议库存物资，已达100%，即所订物资已完全到货；其次是二次设备、五金材料、工器具，到货率分别为99.05%、96.49%、94.51%，三类物资也已基本到货；到货率最低的是一次设备，到货率仅4.39%，如图2-14所示。

[1] 到（供）货率=已到货物资总金额/生成订单总金额

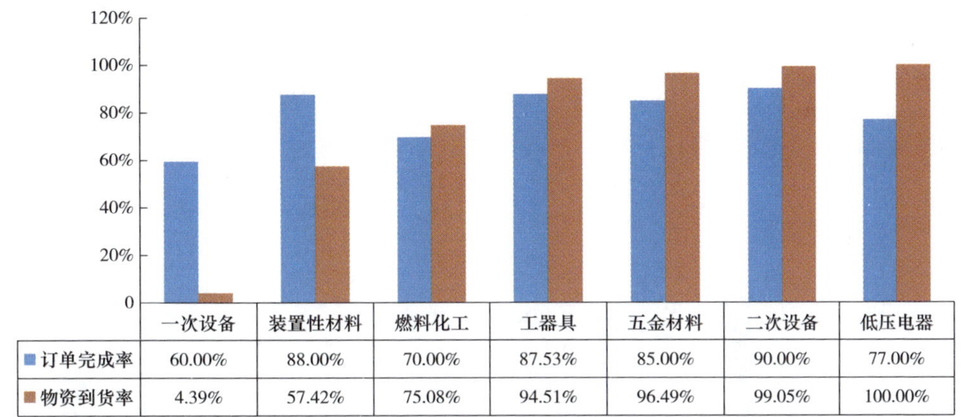

	一次设备	装置性材料	燃料化工	工器具	五金材料	二次设备	低压电器
订单完成率	60.00%	88.00%	70.00%	87.53%	85.00%	90.00%	77.00%
物资到货率	4.39%	57.42%	75.08%	94.51%	96.49%	99.05%	100.00%

图 2-14　项目物资到货情况图

按供应商分，公司协议库存采购已生成订单涉及 31 个供应商，供货率不足 50% 的 12 个，供货率达到 100% 的供应商 10 个，如图 2-15 所示。

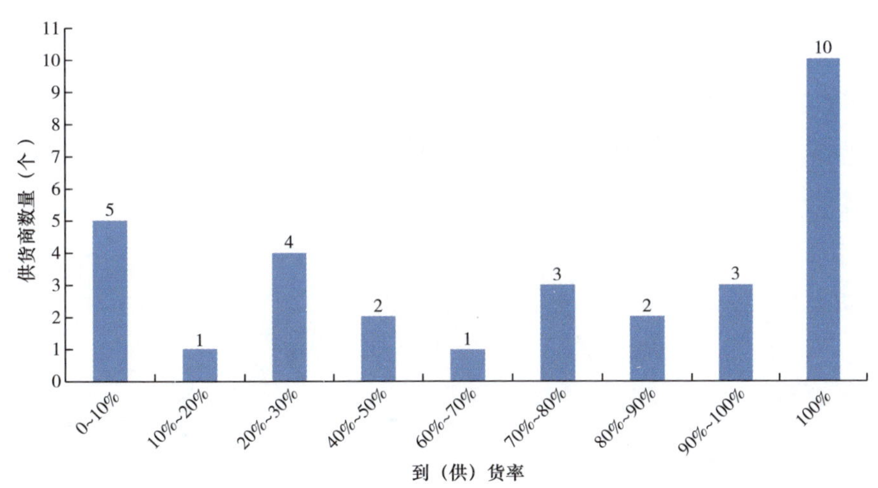

图 2-15　项目协议库存供应商供（到）货率分布情况图

项目管理人员应持续协同物资部适时催促协议库存物资到货，确保项目物资按时到位。

【案例 2】项目投资完成情况监测

某年，某公司综合计划共下达项目 2283 个，截至该年 11 月，按项目类型，技改、小型基建、信息化项目投资完成率低于 70%（见图 2–16），建议各单位加快上述项目执行进度，尽快完成相关手续。

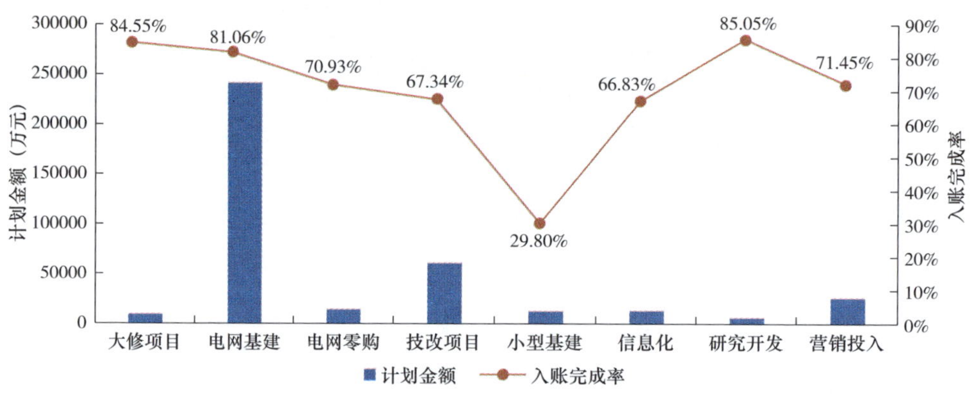

图 2–16　按项目类型新建项目入账完成情况图

在全部下达的 2283 个新建项目中，成本性项目 849 个，整体入账率为 39.09%。按项目建设单位分析，Q 公司、I 公司、C 公司、B 公司、P 公司成本性项目投资完成率较低，按项目类型分析，信息化项目未发生入账项目相对较多（见图 2–17）。

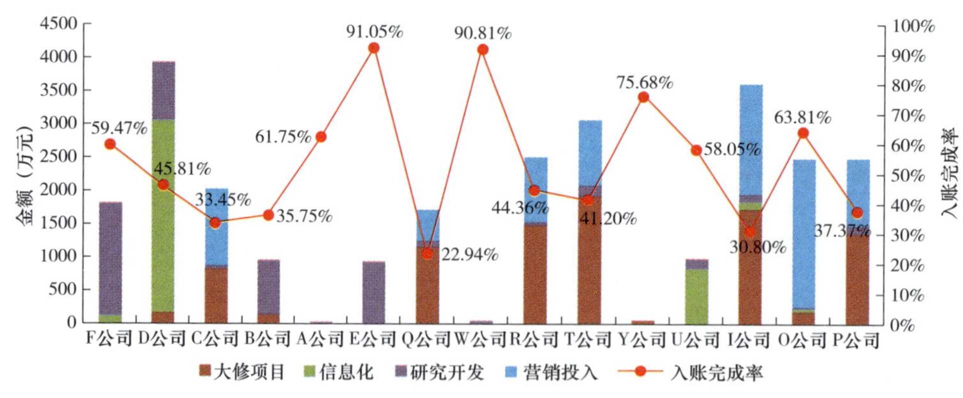

图 2–17　各公司成本性项目入账完成情况图

在全部下达的2283个新建项目中，资本性项目1434个，投资完成率为75.47%。按项目建设单位分析，C公司、Q公司、W公司、U公司、I公司资本性项目入账完成率相对较低，其中，A公司基建类项目入账率较低，F公司营销投入类项目投资完成率较低，见图2-18。

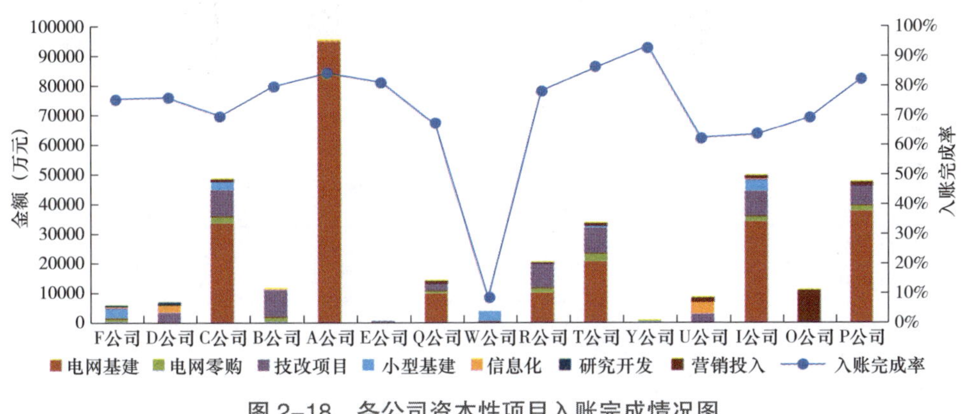

图2-18　各公司资本性项目入账完成情况图

已完工项目进入收官阶段，各单位要认真进行项目验收，提前准备项目资料，做好项目结算、审计、付款、转资、关闭等收尾工作；未完工项目，要尽快完成招标、采购等前期工作，提前合理安排施工计划，加快执行进度，做好相关工作。

【案例3】项目未完工监测

某年共下达4个批次项目，共计2105个项目，未完工项目79项，项目完工率96.25%（见图2-19）。其中，A公司未完工项目22个、B公司19个、C公司14个、F公司11个、G公司8个、H单位5个。按批次来看，第一批下达时间最早，完工率100%；第四批项目下达较晚，因此未完工项目较多，时至年底，建议各单位加快项目执行进度，确保各批次项目按期完成。

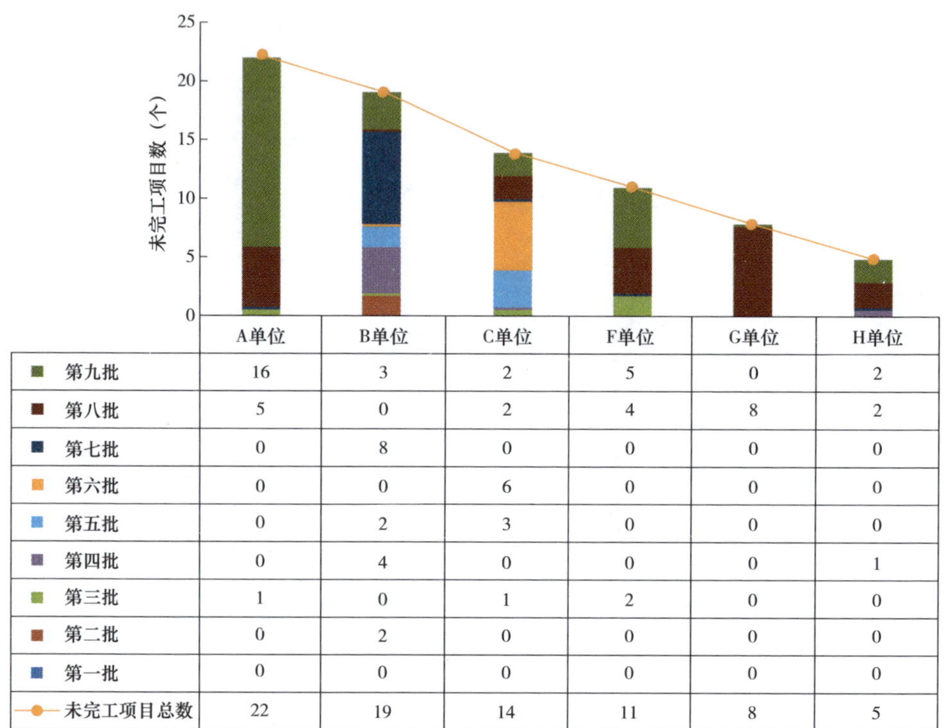

	A单位	B单位	C单位	F单位	G单位	H单位
第九批	16	3	2	5	0	2
第八批	5	0	2	4	8	2
第七批	0	8	0	0	0	0
第六批	0	0	6	0	0	0
第五批	0	2	3	0	0	0
第四批	0	4	0	0	0	1
第三批	1	0	1	2	0	0
第二批	0	2	0	0	0	0
第一批	0	0	0	0	0	0
未完工项目总数	22	19	14	11	8	5

图 2–19 各单位未完工项目统计图

四、项目总结评价阶段监测实例

【案例 1】项目审计监测

1. 项目送审情况（按年度统计）

某公司 2015~2017 年度下达各类项目 1283 个，截至 6 月 1 日，送审 1186 个，送审率 92.44% ，环比提升 3.43 个百分点；审结 1013 个，项目审结率 85.41%，环比提升 2.75 个百分点；尚有 97 个项目未送审，173 个项目仍在审计。

如图 2–20 所示，2015 年度送审率为 98.26%，送审项目 509 个，其中审结项目 472 个，审结率 92.73% ，环比上月提升 3.56 个百分点；2016 年度送审率为 99%，送审项目 396 个，其中审结项目 373 个，审结率 94.19% ，环比上月提升 3.28 个百分点；2017 年度项目送审率为 76.99%，送审项目 281 个，其中审结项目 168 个，审结率 59.79%，环比上升 4.74 个百分点。

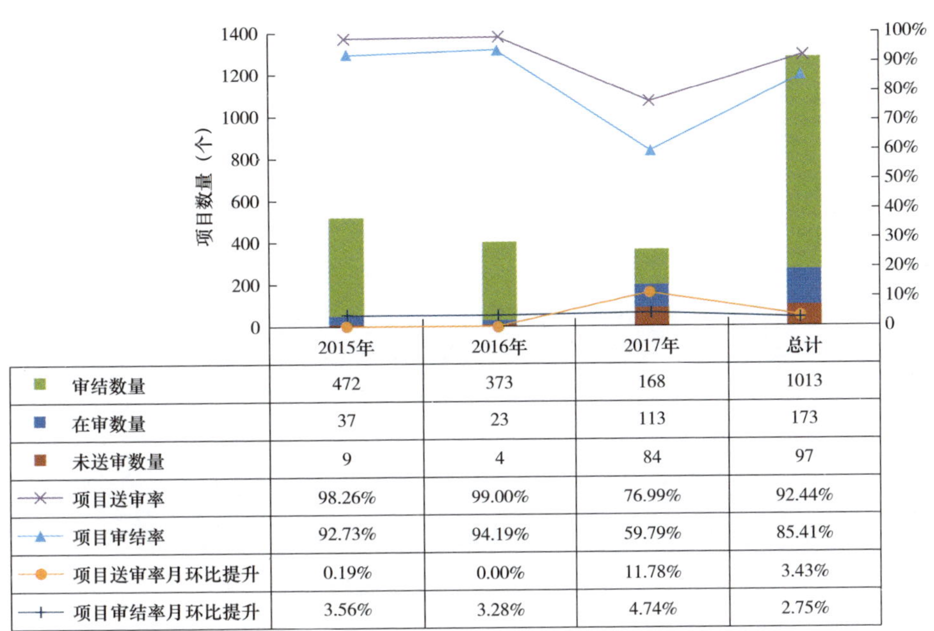

	2015年	2016年	2017年	总计
审结数量	472	373	168	1013
在审数量	37	23	113	173
未送审数量	9	4	84	97
项目送审率	98.26%	99.00%	76.99%	92.44%
项目审结率	92.73%	94.19%	59.79%	85.41%
项目送审率月环比提升	0.19%	0.00%	11.78%	3.43%
项目审结率月环比提升	3.56%	3.28%	4.74%	2.75%

图 2–20　2015~2017 年度各类项目的审计情况图

2. 2015~2017 年度项目送审情况（按项目类型统计）

如图 2–21 所示，营销投入、研究开发、基建 – 营销、非生产技改、非生产大修 5 类共 36 个项目已全部送审；基建 – 主网、基建 – 城网送审率相对较低，分别为 75%、78.95%。营销投入、基建 – 营销、非生产技改、非生产大修、基建 – 主网（另有 4 个项目未送审）5 类共 43 个项目已全部审结，基建 – 城网、电网零购、小型基建、基建 – 农网项目审结率较低，分别为 20.00%、69.57%、72.73%、79.73%。

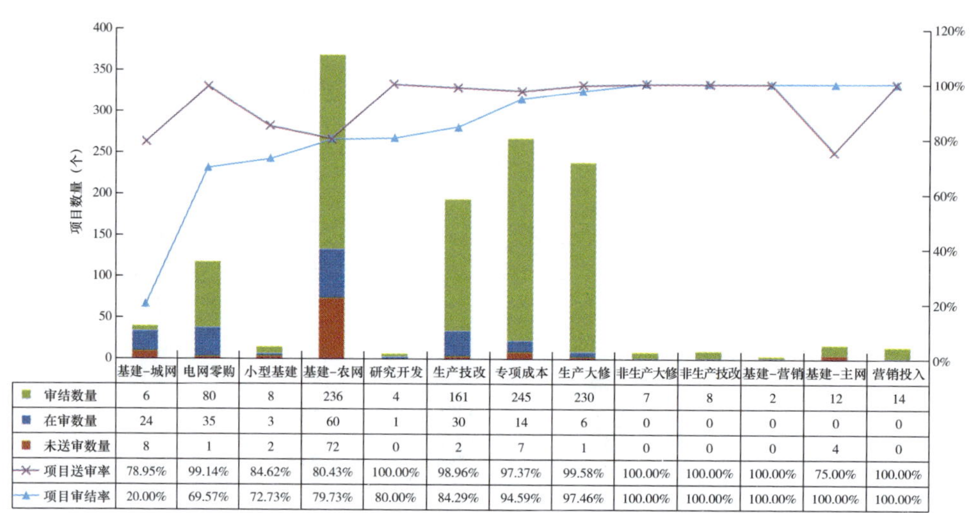

	基建-城网	电网零购	小型基建	基建-农网	研究开发	生产技改	专项成本	生产大修	非生产大修	非生产技改	基建-营销	基建-主网	营销投入
审结数量	6	80	8	236	4	161	245	230	7	8	2	12	14
在审数量	24	35	3	60	1	30	14	6	0	0	0	0	0
未送审数量	8	1	2	72	0	2	7	1	0	0	0	4	0
项目送审率	78.95%	99.14%	84.62%	80.43%	100.00%	98.96%	97.37%	99.58%	100.00%	100.00%	100.00%	75.00%	100.00%
项目审结率	20.00%	69.57%	72.73%	79.73%	80.00%	84.29%	94.59%	97.46%	100.00%	100.00%	100.00%	100.00%	100.00%

图 2-21　2015~2017 年度项目的审计情况图

业务建议：①项目实施单位应优化整合施工力量，加快未完工项目施工进度；②因青赔受阻或政府规划手续未批复导致无法开工或复工的项目，项目管理单位应积极与政府有关部门进行沟通协调解决，尽早启动项目实施；③加快已完工基建 - 农网项目结算内审进度，尽早完成送审；④各项目管理部门应按照国网（审 /3）132—2013《国家电网公司经济责任审计办法》相关规定，将具备送审条件的项目报送审计部，审计部首先进行报审资料质量初步把关，方可转交中介结构受理，确保项目审计高效开展；⑤审计部协调中介机构持续加快项目审计进度。

【案例 2】项目转资监测

如图 2-22 所示，某公司某年共完工资本类项目 1064 个，已完成转资的共 1045 个，转资完成率 98.21%。已完成转资的项目中存在超期转资项目：D 公司有 200 个项目转资超期，F 公司有 192 个，A 公司有 160 个，E 公司有 140 个，C 公司有 112 个，B 公司有 98 个。各单位尚未进行转资的项目共有 19 个。建议各单位对已竣工项目抓紧结算、审计，尽快完成项目转资。

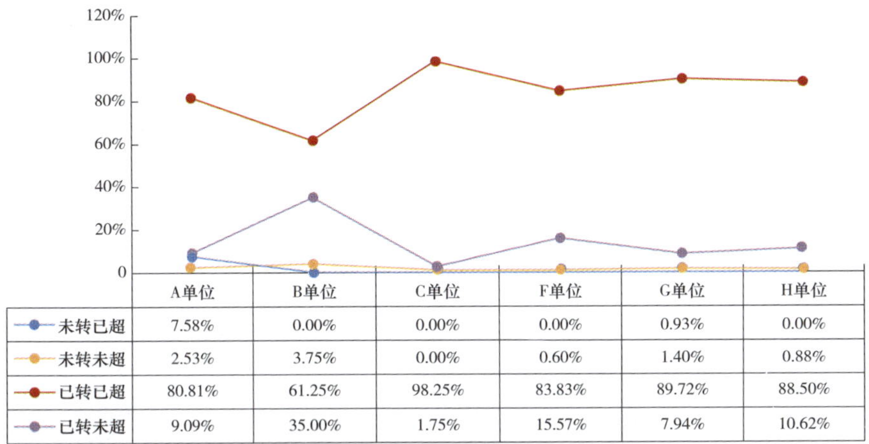

	A单位	B单位	C单位	F单位	G单位	H单位
未转已超	7.58%	0.00%	0.00%	0.00%	0.93%	0.00%
未转未超	2.53%	3.75%	0.00%	0.60%	1.40%	0.88%
已转已超	80.81%	61.25%	98.25%	83.83%	89.72%	88.50%
已转未超	9.09%	35.00%	1.75%	15.57%	7.94%	10.62%

图 2–22　基建项目转资超期分布图

五、项目全过程管控监测实例

如图 2–23 所示，截至某年 11 月 30 日，某公司新建项目采购订单完成率 80.95%，合同履约完成率 54.63%，投资完成率 72.25%，本年度新建项目入账进度较上月有明显提升，但部分项目执行进度仍较为滞后。

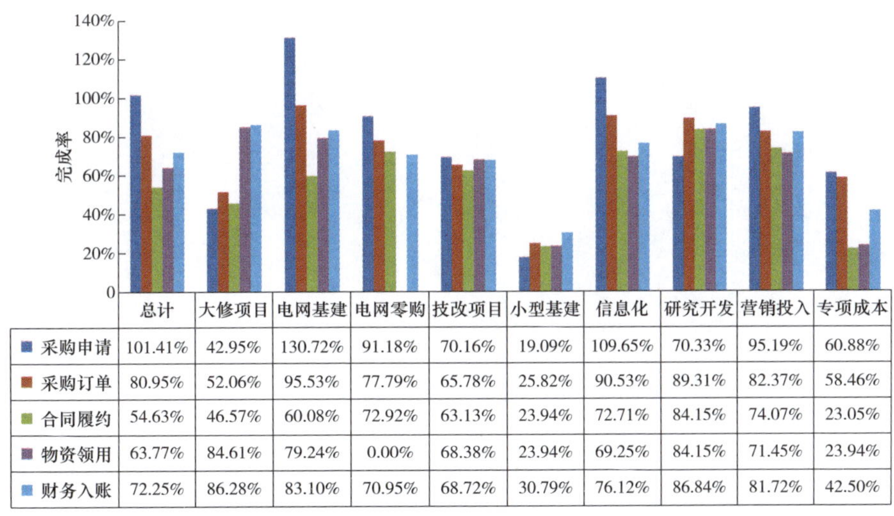

	总计	大修项目	电网基建	电网零购	技改项目	小型基建	信息化	研究开发	营销投入	专项成本
采购申请	101.41%	42.95%	130.72%	91.18%	70.16%	19.09%	109.65%	70.33%	95.19%	60.88%
采购订单	80.95%	52.06%	95.53%	77.79%	65.78%	25.82%	90.53%	89.31%	82.37%	58.46%
合同履约	54.63%	46.57%	60.08%	72.92%	63.13%	23.94%	72.71%	84.15%	74.07%	23.05%
物资领用	63.77%	84.61%	79.24%	0.00%	68.38%	23.94%	69.25%	84.15%	71.45%	23.94%
财务入账	72.25%	86.28%	83.10%	70.95%	68.72%	30.79%	76.12%	86.84%	81.72%	42.50%

图 2–23　按项目类型新建项目执行进度统计分布图

第三章

线损监测

线损是电网电能损耗的简称，是电网在输送和分配电能过程中，各设备元件和线路所产生的电能损失，它包括固定损失、可变损失和其他损失。线损率是线损电量占供电量的百分数，是反映电网规划设计、技术装备和经济运行水平的综合性技术经济指标。

固定损失是指电网中的设备或线路的电能损失不随负荷的变化而变化，它与外加电压、设备容量和产品质量有关。如电网中的变压器铁损，电缆和电容的介质损失，其他各种电器设备和仪器仪表线圈的铁损和绝缘子的损失等。影响固定损失最大的因素是变压器中的磁滞损耗和涡流损耗，即变压器的空载损耗，简称铁损。

可变损失是指电网中的设备和线路的电能损失随负荷电流的变化而变化的损耗。如变压器的铜损、其他设备线圈的铜损和输配电线路的可变损失。影响可变损失最大的因素是流经线路和设备线圈中的电流，它与电流的平方成正比。其他损失是指在供用电过程中，由于管理不善所造成的损失。

◆ 第一节　监测业务框架

线损监测业务分为六大监测主题，分别为公变台区线损监测、10kV 线路线损监测、分压线损监测、分区线损监测、母线平衡监测、表码采集质量监测，共计 43 个监测点。监测业务涵盖了涉及线损计算的 PMS 系统、营销 186 系统、GIS 系统、用电信息采集系统和一体化线损系统，主要围绕线损指标、线损模型、档案数据质量、电能质量、营配贯通水平等维度对异动点进行细化分解，通过编制 SQL 语句实现系统数据的自动获取，利用数据核查工具对 SQL 语句进行固化，实现了监测成果和数据的共享，提升省市两级大数据分析部协同配合效率。监测业务框架如图 3–1 所示。

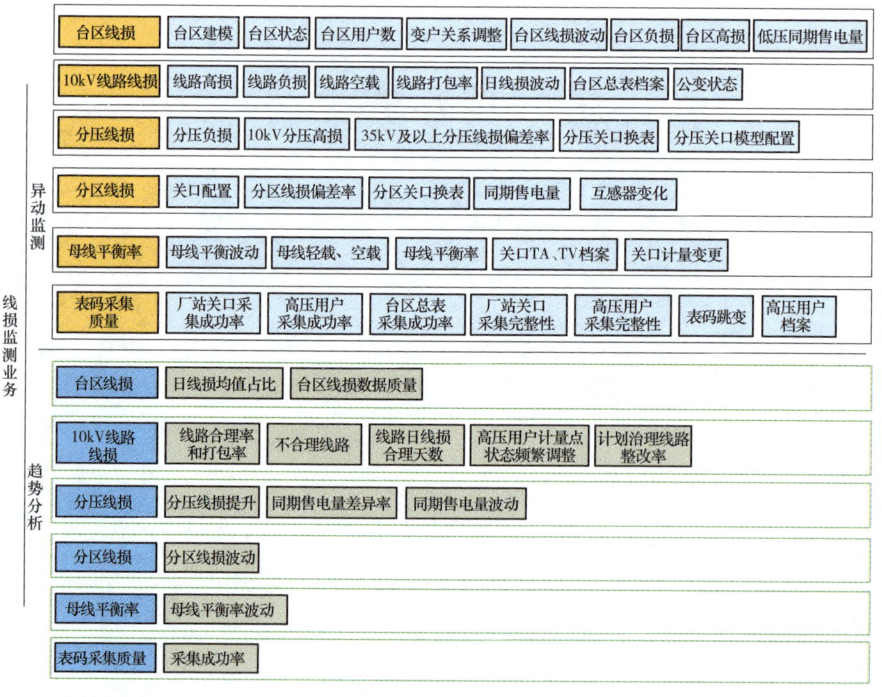

图 3–1　监测业务框架界图

◆ 第二节　监测视角及主题

本节从台区线损监测、10kV线路线损监测、分压线损监测、分区线损监测、母线平衡监测和表码采集质量监测六个监测视角开展线损监测。

一、台区线损监测

台区线损监测主要从线损指标、线损模型和数据质量三个角度对台区线损各环节的问题进行了监测。异动监测点包括：台区建模数量异动监测、已建模台区未投运状态监测、台区用户数异动监测、台区户变关系频繁调整异动监测、台区日线损率异常波动监测、负损台区异动监测、高损台区异动监测、台区低压同期售电量异动监测，共计八个监测点。主要目的是通过异动数据的监测，发现业扩报装、系统台账维护、采集运维管理存在的问题，使各单位以异常数据整改为抓手，进一步规范业扩报装流程、提高采集运维质量和基础档案数据维护质量，加强现场稽查力度，及时堵塞公变台区“跑、冒、滴、漏”现象，实现电网企业降损增效。

二、10kV线路线损监测

10kV线路线损监测主要从线损率、线损模型、数据质量和电能质量四个角度对10kV线损进行监测。异动监测点包括：高损线路监测、负损线路监测、异常空载线路监测、10kV线路打包率异常情况监测、10kV日线损率异常波动情况监测、公用变压器台区考核计量点状态异常监测、高压用户一级结算计量点状态频繁调整监测、公用变压器运行状态异常监测、公用变压器台区运行状态异常监测，共计9个监测点。主要目的是通过异常监测，发现公用专用变压器设备变更、线路切改、停送电管理、生产营销专业协同配合方面存在的问题，督促各单位完善异动管理流程、优化运行方式，提升现场和系统拓扑关系的一致率，使线损归真可控，切实提升各单位的线损管理水平，达到节能增效的目的，为电网改造、规划提供数据支撑。

三、分压线损监测

分压线损监测主要从线损率、线损模型、电能质量三个角度对分压损进行监测。异动监测点包括：负损监测、10kV 分压高损监测、35kV 及以上分压线损偏差率监测、换表情况异常监测、分压关口模型配置情况监测、同期售电量监测，共计 6 个监测点。

主要目的是通过对不同电压等级供电量、售电量、损耗电量、线损率数据比对分析，发现同期分压线损率与理论计算合理值偏差较大和异常波动的情况，暴露分压线损管理过程中存在的管理短板及漏洞，通过协调业务部门对异动数据治理，制定整改措施，达到提升分压线损管理水平的目的。

四、分区线损监测

分区线损监测主要从线损率、线损模型、数据质量和电能质量四个角度对分区线损进行监测。异动监测点包括：分区线损偏差监测、换表后电量统计异常监测、高压同期售电量异常监测、营销发行电量表码差异率监测、关口电量异常波动监测、互感器参数信息异常监测，共计六个监测点。主要目的是通过对异动的监测，发现营销抄核收、换表流程、采集运维、互感器更换等业务流程中存在的协同配合不畅、人员责任心不强、未及时抄表发行电费等问题，通过协调业务部门对异动数据治理，持续改进管理漏洞，使分区线损指标归真，为线损精益化管理提供服务支撑，为全面实行系统自动发行电费做好准备。

五、母线平衡监测

母线平衡监测主要从线损率、线损模型、数据质量三个角度对母线损耗进行监测。异动监测点包括：母线平衡率波动监测、母线轻空载监测、母线平衡率异常监测、关口 TA、TV 档案参数监测、关口计量装置变更监测，共计五个监测点。主要通过对变电站母线信息、供入电量、供出电量、损耗电量、母线不平衡率、计量装置变更记录进行数据抽取、筛选、计算，发现母线计量装置计量精度、换表流程、互感器更换和模型配置存在的问题，暴露变电站关口计量管理中的薄弱环节和生产、调度、计量部门协调配合存在的问题，督促业务部门履职尽责，优化管理流程，提升变电关口计量管理和母线平衡管理工作。

六、表码采集质量监测

表码采集质量监测主要从采集成功率、数据质量、电能质量三个角度对表码采集质量进行监测。异动监测点包括：厂站关口采集成功率监测、高压用户采集成功率监测、台区总表采集成功率监测、厂站关口表码质量监测、高压用户表码质量监测、台区总表、低压用户表码质量监测、高压用户档案异动监测、户间套扣异动监测、计量点档案异常监测，共计九个监测点。主要目的是通过对各电压等级计量装置的采集成功率和计量档案异常数据的监测，发现各单位采集运维管理存在的问题，督促计量管理部门加快智能电表改造进度、提高故障电表采集调试效率、完善异常表码补录机制，确保表码采集质量能有效支撑各系统指标计算和同期线损系统建设。

◆ 第三节　监测业务规则

业务监测规则的设定是业务监测分析工作的核心，本节将结合电力公司关于线损管理的相关规定，确定线损业务监测的规则。

一、台区线损监测规则

（1）台区建模数量异动监测：①公变台区状态为“运行”，但同期系统未配置模型，则判断为异动；②台区已配置模型，但台区下无低压用户，则判断为异动。

（2）已建模台区未投运状态监测：同期系统台区模型已建模，但营销系统台区运行状态为“未投运”，则判断为异动。

（3）台区用户数异动监测：当同期系统和营销系统台区挂接的用户数不一致，则判断为异动。

（4）台区户变关系频繁调整异动监测：当同一个用户台户关系调整次数大于等于3次，则判断为异动。

（5）台区日线损率异常波动监测：一周内台区日线损从合理范围波动至不合理范围的次数超过2次，则判断为异动。

（6）负损台区异动监测：当台区线损率小于0，则判断为异动。

（7）高损台区异动监测：当台区线损率大于10%，则判断为异动。

（8）台区低压同期售电量异动监测：当台区下的低压用户日售电量大于1000度，则判断为异动数据。

二、10kV线路线损监测规则

（1）高损线路监测：当10kV线路的线损率大于10%，则判断为异动。

（2）负损线路监测：当10kV线路的线损率小于0，则判断为异动。

（3）异常空载线路监测：当10kV线路的供电量为0且售电量不为0，或者供电量不为0且售电量为0的线路，均判断为异动。

（4）10kV线路打包率异常情况监测：当10kV线路打包率超过30%时，则判断为异动。

（5）10kV 日线损率异动波动情况监测：一周内 10kV 线路日线损从合理范围波动至不合理范围的次数超过 2 次，则判断为异动。

（6）公变台区考核计量点状态异常监测：当公变台区考核计量点用采系统表码在走字，但营销系统计量点状态为“停用”时，则判断为异动。

（7）高压用户一级结算计量点状态频繁调整监测：一个月内，高压用户一级结算计量点状态变化超过 3 次时，则判断为异动。

（8）公用变压器运行状态异常监测：当公变台区考核计量点用采系统表码在走字，但 PMS 系统公用变压器运行状态为“未投运”时，则判断为异动。

（9）公变台区运行状态异常监测：当公变台区考核计量点用采系统表码在走字，但营销系统台区运行状态为“停用”时，则判断为异动。

三、分压线损监测规则

分压线损是反映各电压等级线损水平的指标，影响分压线损水平的主要因素为分压模型配置和售电量接入质量。因此，可以对分压线损指标、模型配置质量和电量计算所需档案质量设置监测点进行监测，通过数据治理来进一步提高公司分压线损管理水平。

具体异动判断规则如下：

（1）负损监测：当分压线损率（主要是 10、35kV 及 110kV）小于 0%，则判断为负损异动。

（2）10kV 分压高损监测：当 10kV 分压线损率大于 6%，则判断为 10kV 分压高损异动。

（3）35kV 及以上分压线损偏差率监测：当同期分压线损率与分压理论计算基准值偏差小于 1 个百分点，则判断为分压线损偏差率合理，反之，则视为异动。

（4）换表情况异常监测：当换表后 3 日内未录入换表流程、换表前后综合倍率不一致、换表前后示数录入与用采冻结数据不一致时，判断为换表异常。

（5）分压关口模型配置情况监测：当分压关口模型配置数量与现场实际不一致、新投运的变电站未配置分压关口模型、分压关口配置不在主变压器低电压侧、关口倍率与用采系统及现场不一致、分压关口正/反向设置与潮流方向不一致，出现任何一种情况，均判断为异动。

（6）同期售电量监测：当正向有功电量出现负值或超大值、同期售电量的起止码为空，则判断为异动。

四、分区线损监测规则

分区线损是反映各供电区域整体线损水平的指标，影响分区线损水平的主要因素有：①生产和营销专业工作协同不畅，在更换变电站电压互感器、电流互感器后未能及时沟通，影响计量参数在营销系统内的更新，导致关口电量统计异常；②部分关口更换表计后，未及时在营销系统走换表流程；③部分专线用户关口计量点表码采集失败后，计量管理人员未及时进行调试；④部分高压用户营销客户档案计量点性质、电压等级、电价类型维护错误等。基于此，可以按营销档案治理和同期售电量接入质量两个维度设置监测点，通过数据治理，提升基础档案质量和采集运维水平。

具体异动判断规则如下：

（1）分区线损偏差监测：当同期分区线损率与分区线损率基值偏差绝对值大于1个百分点时，则判断为分区线损偏差异动。

（2）换表后电量统计异常监测：当高压用户换表记录正常，但换表后日电量较其他天电量标准差大于5%时，则判断为异动。

（3）高压同期售电量异常监测：当高压用户同期月度售电量与当月营销发行电量差异率大于30%时，则判断为异动；当高压用户日电量标准偏差大于5%时，则判断为异动；当高压用户最近6个月的同期售电量与营销发行电量差异率大于5%时，则判断为异动。

（4）营销发行电量表码差异率监测：当高压用户同期售电量与当月营销

发行电量差异率大于 30% 时，且用电信息采集系统召测用户抄表例日零点止码与营销系统发行止码不一致时，则判断为异动。

（5）关口电量异常波动监测：当关口电量与上期统计的关口电量偏差大于 10% 时，则判断为关口电量异常波动。

（6）互感器参数信息异常监测：当用电信息采集系统电压、电流互感器变比与一体化电量与线损管理系统内对应计量点互感器变比信息不一致时，则判断为异动。

五、母线平衡监测规则

母线平衡直观反映了电网中变电设备是否处于正常状态，是调度部门的一项重要指标。影响母线平衡率达标主要因素有：母平模型维护错误、电流互感器极性错误、互感器变比配置不合理、营销档案倍率与现场不一致、表码采集失败等。基于此，可以从模型配置、档案质量和电能质量三个维度设置相应的监测点，通过数据治理，使母线平衡率持续保持在合理水平，为监测电网设备运行提供抓手。

具体异动判断规则如下：

（1）母线平衡率波动监测：当某一日母线平衡率超出平均值 200%，则判断为异动。

（2）母线平衡率异常监测：当母线平衡率不在 –2%~2% 范围时，则判断为异动。

（3）母线轻载、空载监测：当母线平衡率不在 –2%~2% 范围，且 35kV 母线电量小于 50 万 kW 时，110kV 母线电量小于 250 万 kW 时，则判断为异动。

（4）关口电流互感器、电压互感器档案参数监测：当同期系统母线模型输入、输出和计量点的综合倍率，与营销系统中的互感器倍率不一致时，则判断为异动。

（5）关口计量装置变更监测：当变电关口计量换表流程归档时间与流程

发起时间大于 3 天时，则判断为换表流程超时；当“旧表拆回总示数”小于“旧表最近正常结算抄表总示数”时，则判断为表码录入不准确异动；当“新表总示数”为空时，则判断为表码录入不完整异动。

六、表码采集质量监测规则

表码采集质量是支撑各项线损指标计算的基础，影响表码采集质量的主要因素有：①表计参数与终端参数不一致（规约、波特率等参数）；②用户申请停用后，停用流程处理不及时；③更换终端后系统档案维护档案不及时、不准确；④表计更换后 RS485 线虚接；⑤电能表示数位数信息错误和终端芯片故障等。基于此，可以利用用采系统的自动采集功能，对各种类型的电能表的采集成功率进行监测，及时预警，督促各单位不断提升表码采集质量。

具体异动判断规则如下：

（1）厂站关口采集成功率监测：采集成功率小于 100% 的厂站关口表计，则判断为厂站关口采集失败异动。

（2）高压用户采集成功率监测：采集成功率小于 100% 的高压用户表计，则判断为高压用户采集失败异动。

（3）台区总表采集成功率监测：采集成功率小于 100% 的台区总表，则判断为公变台区总表采集失败异动。

（4）厂站关口表码质量监测：表码跳变、表码未按日采集、表码缺失的厂站关口表计，则判断为关口表码采集异动。

（5）高压用户表码质量监测：当高压用户表码跳变、采集失败、有功总为空值、已维护采集测点无表码数据，则判断为高压用户表码质量异动。

（6）台区总表、低压用户表码质量监测：当公变采集终端异常、表码跳变、上下表底缺失，则判断为异动。

（7）高压用户档案异动监测：当用采系统正反向表码走字与营销系统正反向示数类型维护不一致，则判断为异动。

（8）计量点档案异常监测：当营销业务系统中，一个计量点中出现两块主表，且两块主表“是否参考表”均设置为“是”，则判断为异动；当高压用户一级结算计量点用途不为“售电侧结算”，则判断为异动。

◆ 第四节　监测分析实例

本节将根据上述的监测视角和监测规则，结合实际的线损管理案例，分析线损管理中存在的问题。

一、台区线损监测实例

【案例 1】台户关系异常数据监测分析

某年，截至 1 月 10 日，某供电公司仍有生产与营销系统“变 – 户”关系不一致数据 563 条，不存在“接入点 – 计量箱”关系数据 533 条，涉及 7 个分单位，其中公司 1 异动数据占绝大部分（见图 3–2）。

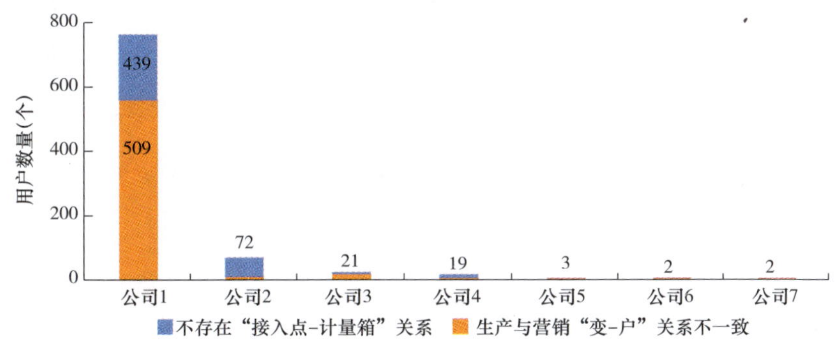

图 3–2　营配贯通异常数据分布情况图

进一步将这些异动数据与同期系统和用采系统台区线损关联分析发现，这些异动数据涉及 47 个台区，其中有 18 个台区用采合理同期不合理，涉及异动数据 767 条（见图 3–3）。目前用采系统和同期系统台区线损率相差近 6 个百分点，其中营配贯通异动数据治理不及时仍然是造成两系统差异的重要因素，建议各单位要提高变－户关系核查的准确性，避免大批量调整变－户关系，进一步提升营配贯通异动数据处理的及时性，同步开展用采与同期台区线损治理。

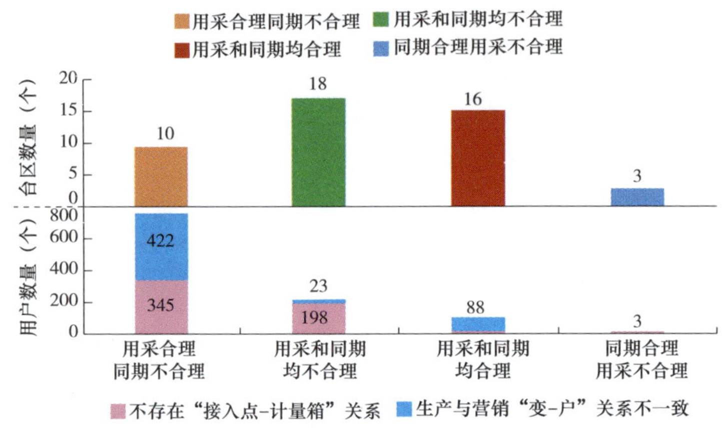

图 3-3　营配贯通异常数据与台区线损关联分析图

【案例 2】同期系统台区合理次数监测

某年 1~12 月，某供电公司共有 8313 个台区在同期系统中配置过模型，其中有 280 个台区月线损 1 次都未合理过，有 3737 个台区 12 个月持续保持在合理范围，有 7027 个台区合理次数在 6 次及以上（见图 3-4）。如图 3-5 所示，1 次都未合理的台区中，公司 1 所占的台区数量最多，需要重点核查；

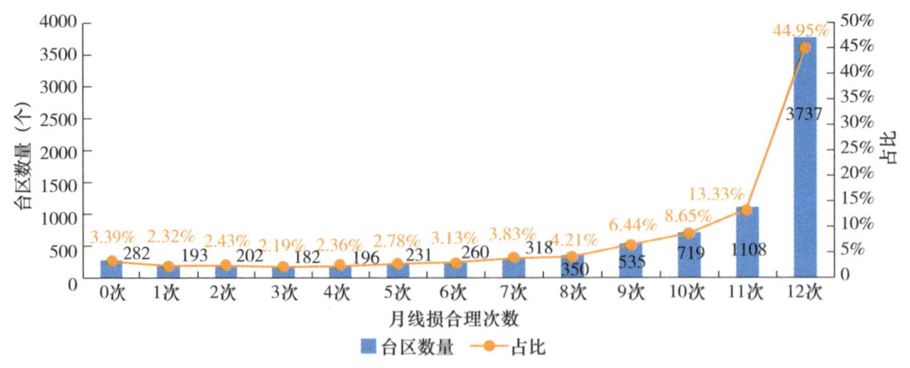

图 3-4　台区月线损合理次数分布情况图

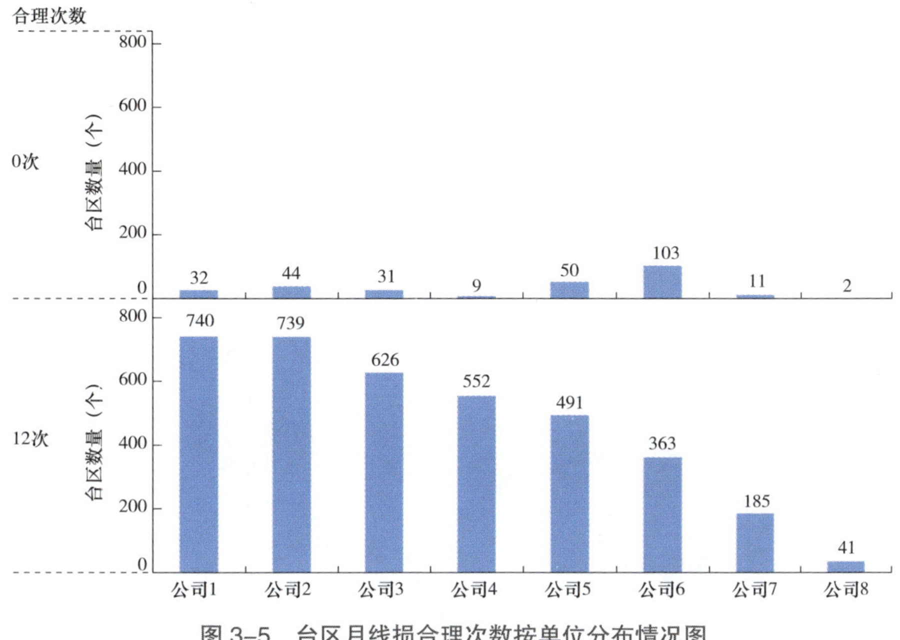

图 3-5　台区月线损合理次数按单位分布情况图

12 个月均保持合理的台区中，公司 2 所占数量最多，治理成效最好。从台区合理次数的分布看，已治理合理的台区大部分可以持续保持在合理水平，线损治理成效固化较好，公司 2 和公司 3 此方面工作做得最好，但仍有一定数量的台区线损波动较为频繁，需要进一步核查。

【案例 3】同期系统与用采系统台区线损比对分析

某年 8 月，大数据分析部对同期系统与用采系统台区月线损进行了比对分析（见图 3-6），发现有 40 个台区用采系统合理同期不合理，有 11 个台区同期系统合理用采不合理，通过对每个台区的供售电量比对发现，有 24 个台区两系统供电量不一致，有 27 个台区两系统售电量不一致。造成两系统供售电量不一致的主要原因有：①营销系统与 GIS 系统生成的台户关系不一致，导致用采系统与同期系统台区接入的用户存在差异；②部分台区总表计量点档案是否参考表维护错误，导致同期系统无法接入该计量点电量；③部分台区更换互感器、变更档案后，线损治理人员未及时在同期系统进行关口配置，

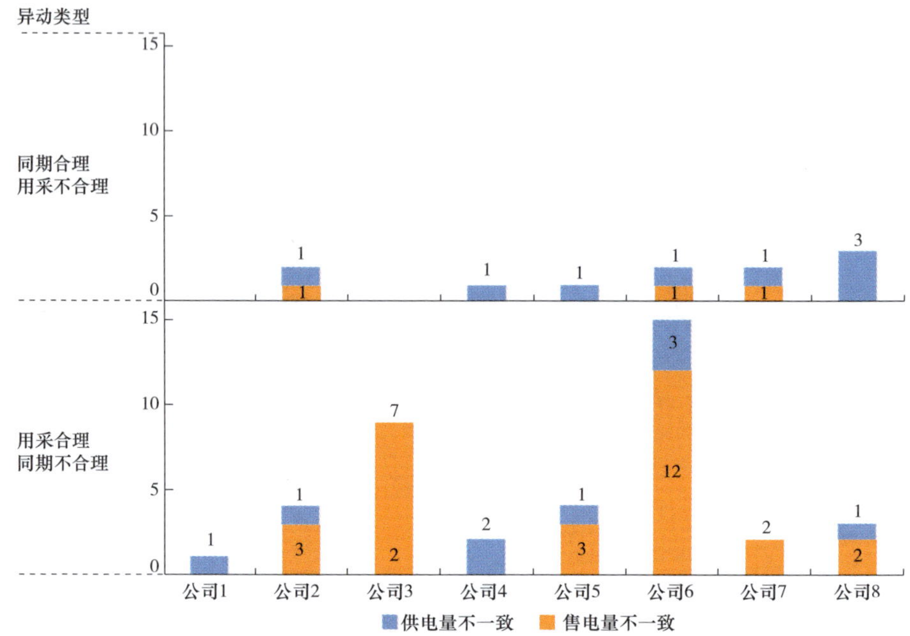

图 3–6　同期系统与用采系统台区线损对比分析图

导致两系统台区关口模型不一致。

【案例 4】营销台区关口考核表档案异常监测

某年 5 月，监测发现有 53 个台区的 70 个考核计量点档案维护错误，导致同期系统台区供电量异常。其中有 23 个台区的 29 个高供低计表营销系统中“是否参考表”字段维护成了“是”，导致本该接入台区关口的计量点电量未计入，造成台区供电量少计，出现高损；有 30 个台区的 41 个高供高计考核表营销系统中“是否参考表”字段维护成了“否”，导致这些不该接入的计量点的电量接到了相应台区的供电量中，造成台区供电量异常增大，出现负损。建议营销部组织各单位继续核查同期系统台区供电关口配置，首先确保台区供电关口配置无误，然后再结合现场核查和营配贯通数据治理，进一步提升台区线损合理率。具体监测数据如图 3–7 所示。

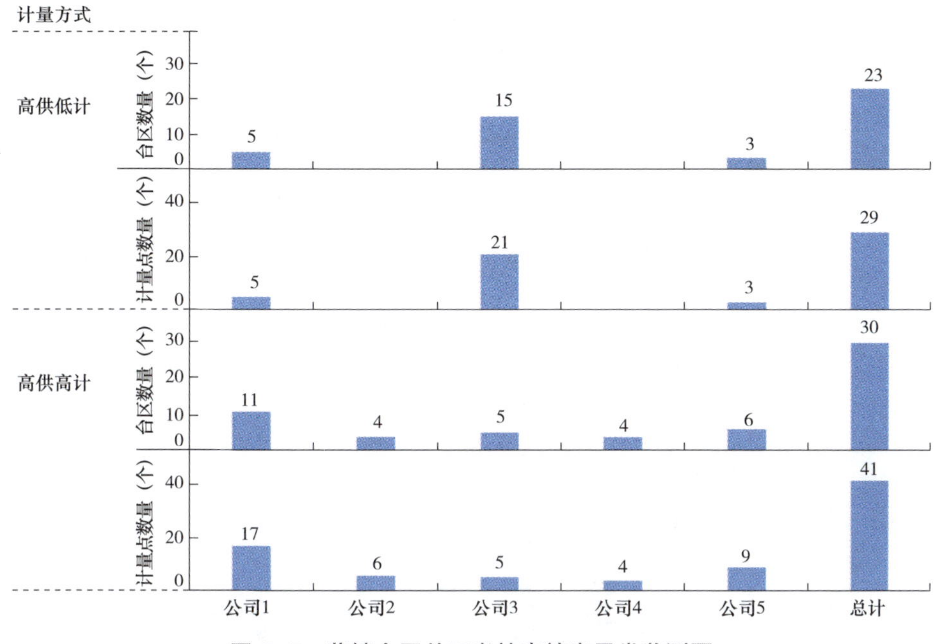

图 3-7　营销台区关口考核表档案异常监测图

二、10kV 线路线损监测实例

【案例 1】同期系统 10kV 线路打包率监测

某年 11 月，公司 1 打包率为 51.51%，其中：地市公司 1 打包率为 77.52%、地市公司 2 打包率为 63.64%，打包率明显高于正常值。通过进一步分析发现，个别公司存在将实际不联络的线路打包为一个整体来提升线损合理率的情况。各地市及网省公司 10kV 线损打包情况如图 3-8 和图 3-9 所示。

截至 12 月，公司各单位还未治理合理的 10kV 线路共 252 条，占公司线路总数 16.49%，打包率 51.51%。打包指 10kV 拉手线路，由于存在负荷转供或运行方式调整，需要将多条线路作为一个整体进行线损计算的情况。公司 1 有线损不合理线路 56 条（占本单位线路总数的 23.83%，打包率 40.43%），公司 2 有 21 条（占比 21.21%，打包率 63.64%），公司 3 有 45 条（占比 18.15%，打包率 22.18%），公司 4 有 79 条（占比 15.31%，打包率 77.52%），公司 5 有 23

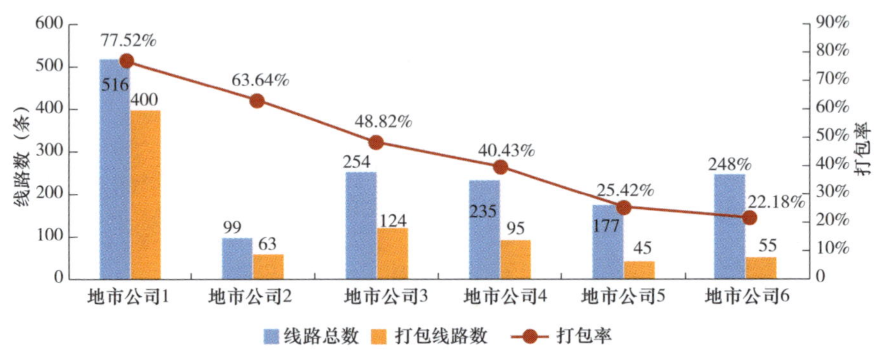

图 3-8　各地市公司 10kV 线损打包情况图

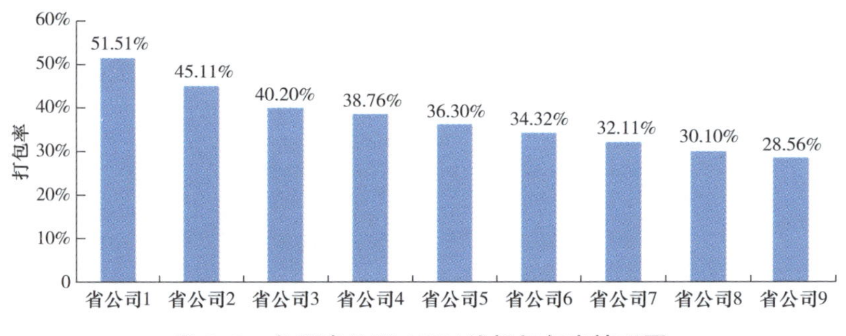

图 3-9　各网省公司 10kV 线损打包率情况图

条（占比 12.99%，打包率 25.42%），公司 6 有 28 条（占比 11.07%，打包率 48.82%）。各单位还未治理合理的 10kV 线路分布情况如图 3-10 所示。

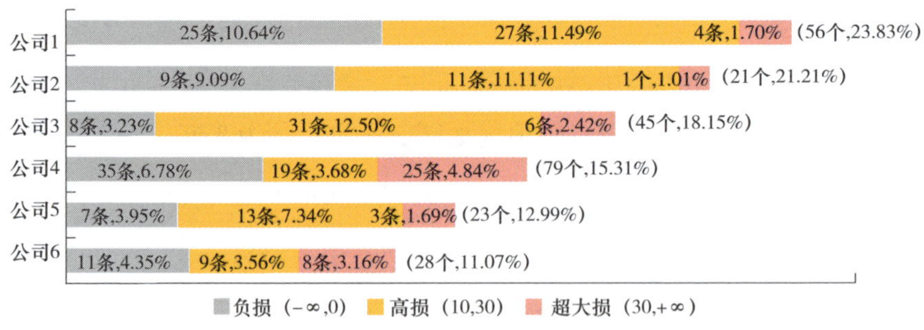

图 3-10　各单位还未治理合理的 10kV 线路分布情况图

将没有电气连接的线路进行打包，打包不合理：如 ××× 变电站 522 镇华二回线，线损率 26.33%，××× 变电站 511 固南线，线损率 10.14%，××× 变电站 512 同芦线，线损率 56.97%，×××变电站 516 砖渠线，线损率 –157.71%。在 GIS 客户端进行分析并进行调研核查发现，四条线路分布在不同区域，实际未形成拉手线路，但四条线路在同期线损系统中进行了打包，线损进行统一计算。××公司 GIS 系统电气连接图如图 3–11 所示。

图 3–11　××公司 GIS 系统电气连接图

【案例 2】高压用户一级结算计量点状态变化监测分析

高压用户售电量是同期系统分区、分压、分线各项指标计算的基础，而高压用户一级结算计量点状态为“在用”是同期系统电量接入的必要条件，当用户现场实际在用电，而营销系统计量点状态维护为“停用”时，会导致同期系统电量接入失败，影响各项指标的计算结果。通过对高压用户一级结算计量状态变更情况监测，加强了各单位计量点启停管理，规范了业务流程，确保计量点状态与现场情况保持一致，为同期线损计算、采集成功率、电量电费发行提供了准确的档案数据。

11 月 1~30 日，监测发现营销系统中有 571 户高压用户的 635 个一级结算计量点状态发生了变化，部分计量点状态变化最多达到 6 次，影响了同期系统高压用户售电量的接入质量，8 家分单位均存在频繁调整计量点状态的情况。

（1）按计量点状态调整次数分析。如图 3-12 所示，计量点状态变化 1 次的有 390 个，变化 2 次的有 229 个，变化 3 次的有 12 个，变化 4 次的有 3 个，变化 6 次的有 1 个。

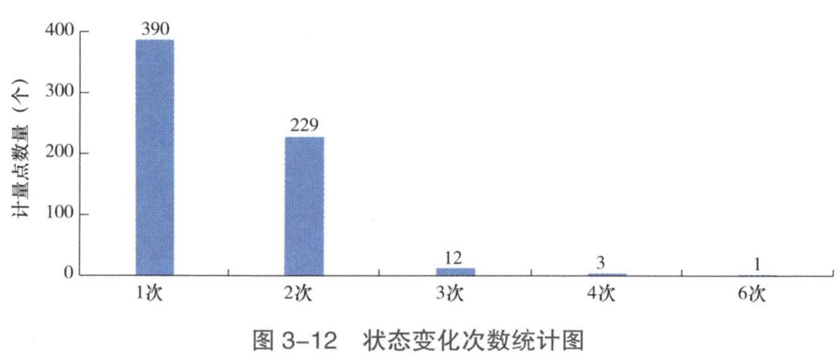

图 3-12　状态变化次数统计图

（2）按单位监测分析。如图 3-13 所示，公司 1 和公司 2 计量点状态发生变化的情况最多，公司 4 和公司 6 计量点状态调整在 2 次及以上的占比最大。

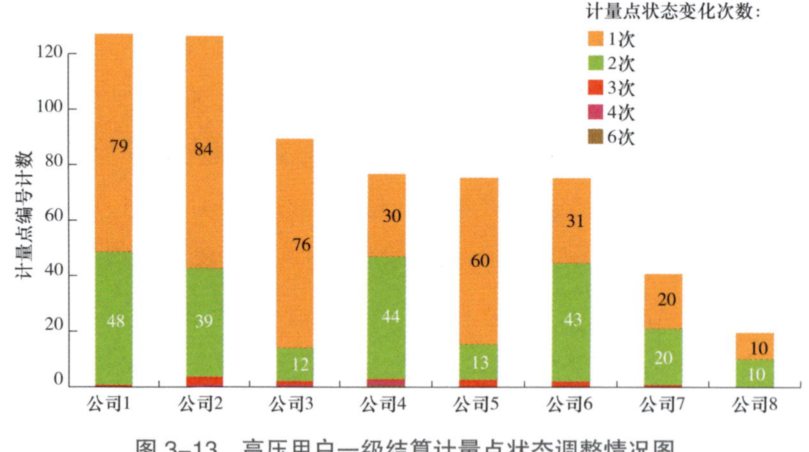

图 3-13　高压用户一级结算计量点状态调整情况图

【案例 3】公用配电变压器未投运有表码监测

监测发现，有 24 台公配变用采系统表码走字，但 PMS 系统运行状态维护成了“未投运”，合计电量5.59万kWh，影响24条10kV线路售电量结算。这些异动变压器中，公司1的数量最多，用电量大于1000kWh的占比最多，电量合计最大，影响线路数量也最多。公司2、公司3、公司4、公司5的异动变压器主要为小电量台区。建议各单位现场核查变压器的运行情况，以现场实际情况维护PMS系统变压器运行状态。公用变压器运行状态异常情况分布如图3-14所示。

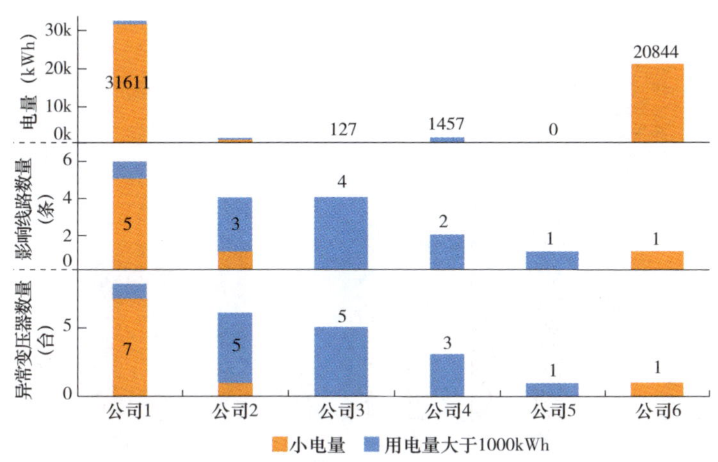

图3-14　公用配电变压器运行状态异常情况分布图

【案例4】高损线路监测

12月份，某供电公司仍有173条单条线路线损不合理，其中负损线路75条，高损线路70条，超大损线路28条，较1月份分别减少52条、17条和92条。从每月高负损线路的变化情况看，超大损线路治理成效最为明显，下降幅度最大，高损和负损线路的占比仍较大，主要集中在三区分中心。通过对比单条线路和打包后高负损线路的分布情况可以看出，公司5、公司6、公司8的电网结构和线路倒切负荷的频度是高损和负损线路治理的难点，月中倒切负荷的线路需要配置打包线路才能确保线损合理。单条线路高负损线路按月份分布图情况如图3-15所示，打包后线路高负损线路分布情况如图

3-16 所示，单条高负损线路按单位分布情况如图 3-17 所示。

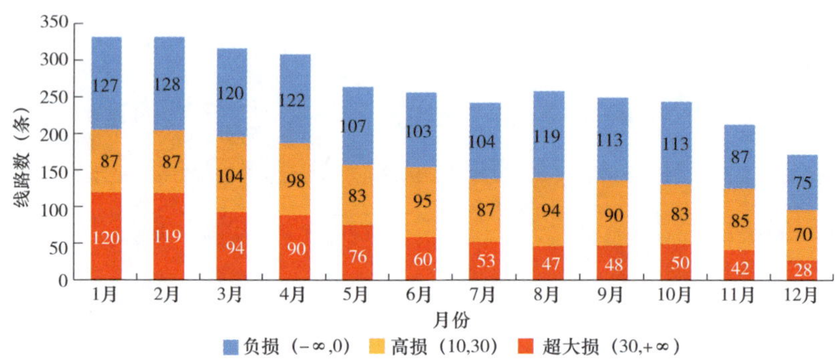

图 3-15　单条线路高负损线路按月份分布情况

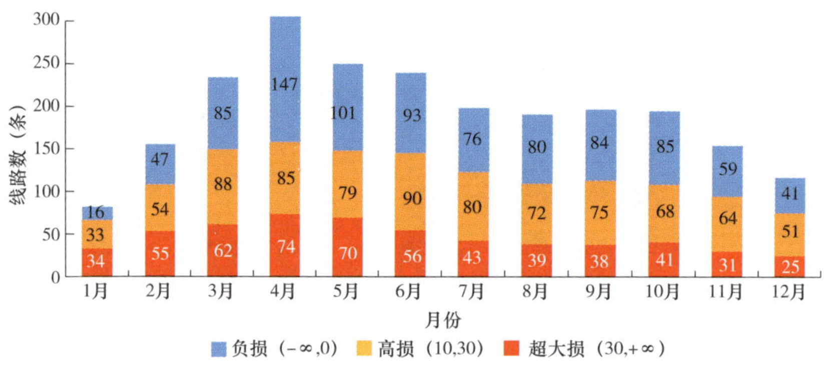

图 3-16　打包后线路高负损线路分布情况

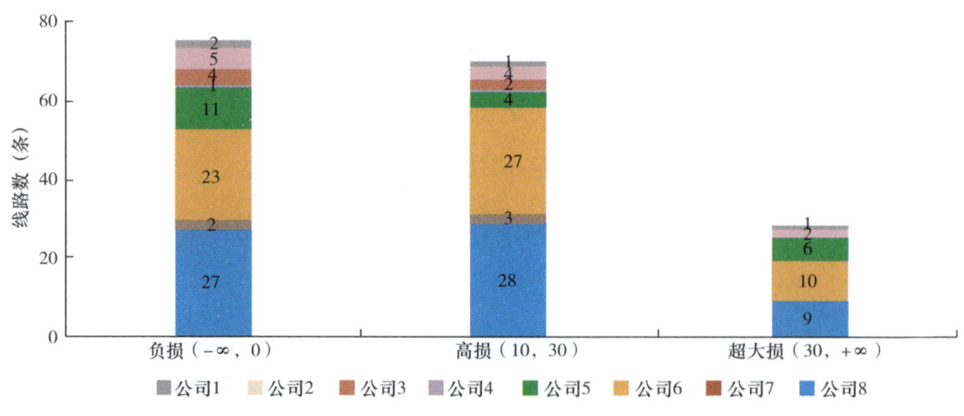

图 3-17　单条高负损线路按单位分布情况图

三、分压线损监测实例

【案例 1】35kV 及以上分压线损偏差率监测

分压线损是反映各电压等级线损水平的指标，影响分压线损水平的主要因素为分压模型配置和售电量接入质量，为进一步提高公司分压线损管理水平，大数据分析部对分压线损进行了监测。

2018 年 3~9 月，经过各单位综合治理，某供电公司 9 月份 10~110kV 分压线损指标分别为 1.73%、0.33%、0.44%，基准值分别为 1.25%、0.43%、0.44%，偏差值均不超过 1%，全部达标。各区县公司 3~9 月分压指标达标情况（见图 3–18）为：公司 1 达标 6 次，公司 2 达标 3 次，公司 3 达标 3 次，公司 4 达标 2 次，公司 5 达标 4 次。建议公司 4 提高供电关口模型配置的准确性，公司 3 尽快提升分线线损治理成效。

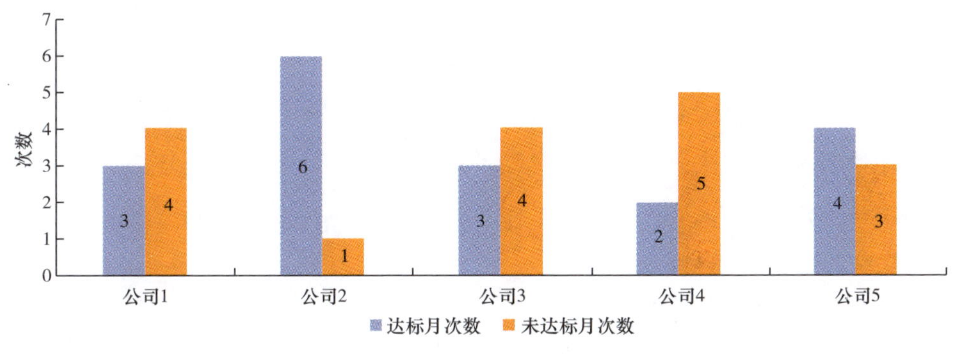

图 3–18　2018 年 3~9 月分压线损指标情况图

【案例 2】分压关口模型配置情况监测

为提升 35kV 及以上同期线损统计正确性，完善关口计量点的数据采集，大数据分析部对 1 月 1~15 日变电站所有关口表计的采集情况进行了监测分析（见图 3–19），其中，公司 1 有 178 个，占本单位管理关口总数 9.56%；公司 2 有 43 个，占比为 2.40%；公司 3 有 31 个，占比为 3.10%；公司 4 有 27 个，占比为 1.24%；公司 5 有 25 个，占比为 2.25%；公司 6 有 15 个，占比为 0.79%；公司 7 有 1 个，占比为 0.05%。

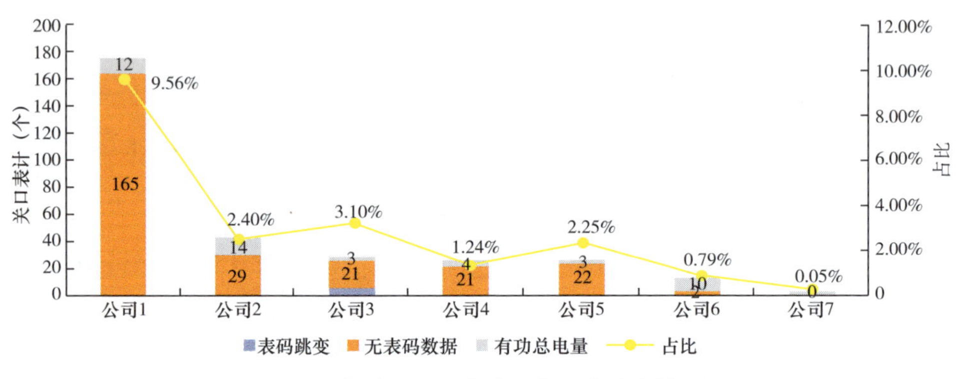

图 3-19　各单位关口表计采集异常分布情况图

【案例 3】同期售电量监测

通过对 7 月同期售电量与营销 6 月份有功发行电量的比对监测（见图 3-20），各单位电量差异情况如下：公司 1 电量差异率最大，为 237.94%；公司 2 差异率为 161.20%，公司 3 差异率为 150.63%，公司 4 差异率 136.95%，公司 5 差异率为 134.52%，公司 6 差异率为 107.53%。同期售电量与有功发行电量差异较大的原因主要是按日自动计算，对表码、档案要求较高，暂不能准确统计，需各单位进一步提升工作质量。经进一步监测分析，还存在如下问题为整改完成。

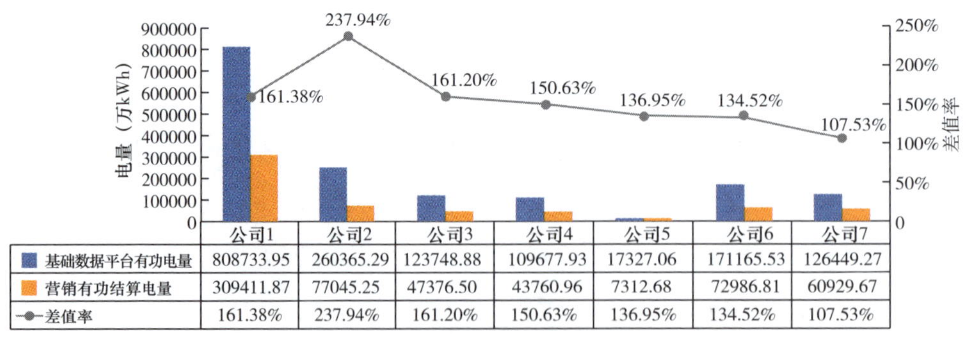

	公司1	公司2	公司3	公司4	公司5	公司6	公司7
基础数据平台有功电量	808733.95	260365.29	123748.88	109677.93	17327.06	171165.53	126449.27
营销有功结算电量	309411.87	77045.25	47376.50	43760.96	7312.68	72986.81	60929.67
差值率	161.38%	237.94%	161.20%	150.63%	136.95%	134.52%	107.53%

图 3-20　按 7 月份同期售电量与营销有功发行电量分布情况图

【案例 4】换表异常情况监测

部分发电用户计量点无法判断正反向电量，需进一步规范、统一示数类型信息。例如，“某地电投风力发电有限公司”手工抄表录入反向表码进行结算，系统无法知道表计反向计量，如图 3–21 所示。

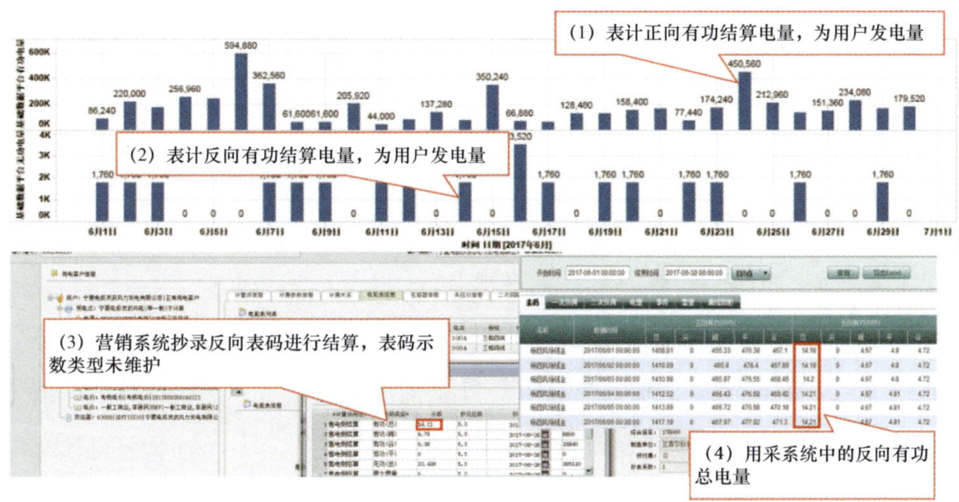

图 3–21 换表异常情况图

四、分区线损监测实例

【案例 1】分区线损偏差监测示例

分区线损是反映各供电区域整体线损水平的指标，影响分区线损水平的主要因素有分区模型配置、售电量接入质量、系统档案参数维护质量和窃电用户占比，为进一步提高公司分区线损管理水平，运监中心对分区线损进行了监测。某供电公司 9 月份分区线损率为 0.57%，基准值为 0.55%，指标不达标。3~9 月各区县公司分区指标达标情况（见图 3–22）为：公司 2 达标 2 次，公司 3 达标 1 次，公司 4 达标 1 次，公司 1 在 3~9 月期间均未达标。建议：各公司对分区线损基值合理性进行分析研判，确定合理基值上报发策部，避免此类因素影响分区指标。

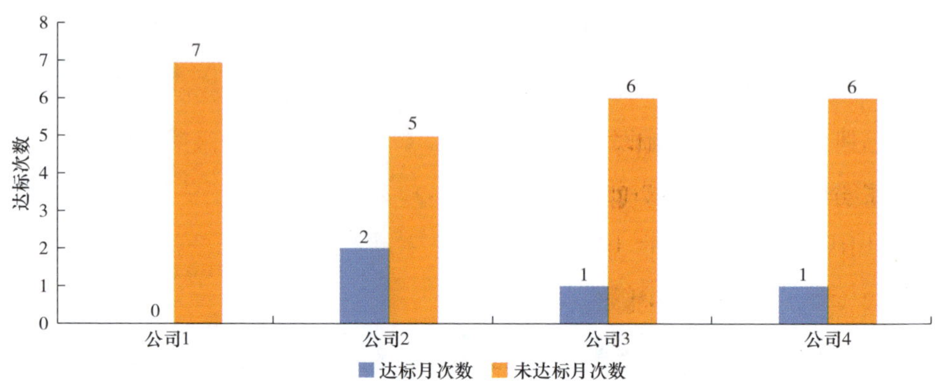

图 3-22　2018 年 3~9 月分区线损指标情况图

【案例 2】高压同期售电量异常监测

个别厂站专线用户关口计量点表码采集失败，造成同期售电量为零。例如，某供电公司“××光伏农业科技有限公司”，计量点与采集点关联成功，但是 4 月份同期电量为零，进一步钻取核实发现，该户采集表码为零，如图 3-23 所示。

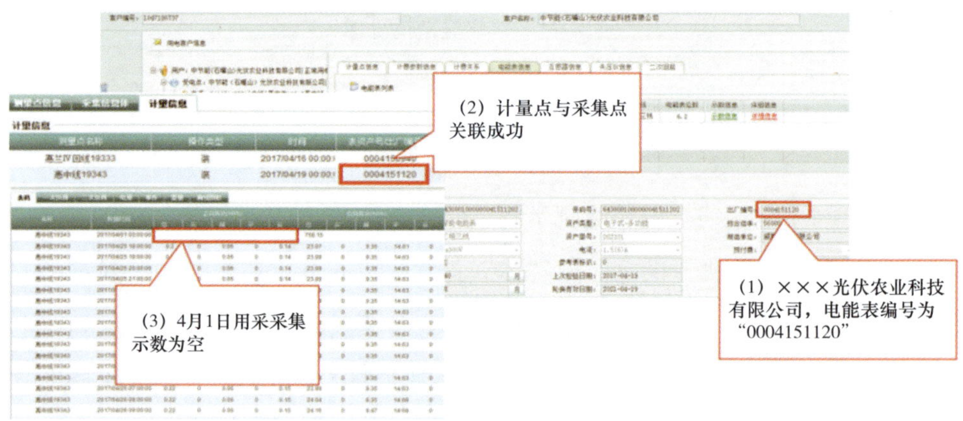

图 3-23　高压同期售电量异常图

【案例 3】营销发行电量表码差异率监测

通过对 3 月份 35kV 及以上专线用户有功发行电量与同期售电量的比对（见图 3-24），各电压等级用户电量差异还较大：公司 1（35kV 及以上专线用户）共计 88 户，差异率为 76.93%；公司 2 有 118 户，差异率 54.91%；公司 3 有 74 户，差异率 41.68%；公司 4 有 173 户，差异率 30.13%；公司 5 有 150 户，差异率 29.44%；公司 6 有 26 户，差异率 24.30%。

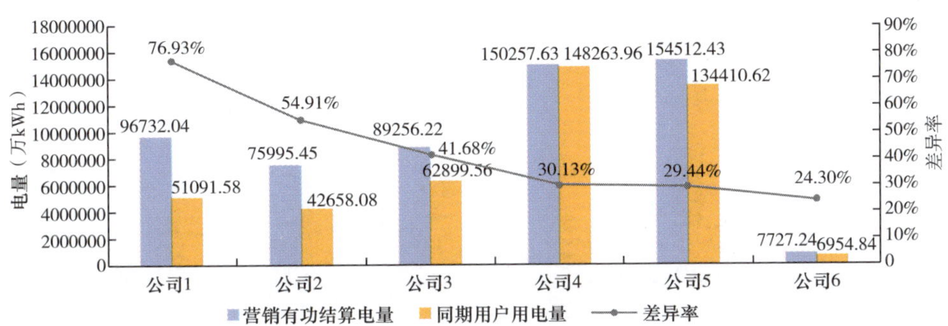

图 3-24　35kV 及以上专线用户有功发行电量与同期售电量的比对情况图

【案例 4】关口电量异常波动监测

通过对关口电量监测发现，个别厂站关口计量点表码跳变，导致电量计算异常。例如，某供电公司“××化工股份有限公司”电能表 6 月 13 日表码跳变，如图 3-25 所示。

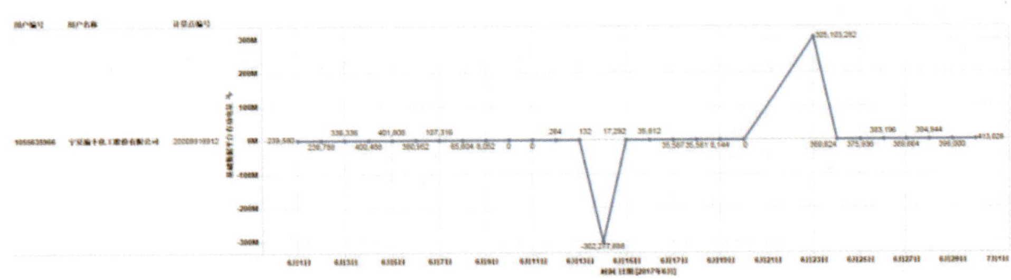

图 3-25　关口电量异常波动图

五、母平监测实例

【案例】同期系统母平监测

2019 年 6 月 21 日，吴忠公司在线抽取 6 月 1~9 日各电压等级母线的模型配置、电量等相关数据，经匹配计算分析，发现 3 条母线平衡率不达标，分

别为永丰变 /35kV 母线平衡率 4686.05%、叶盛变 /35kV 母线平衡率 405.67%、戎家川站 /10kV 母线平衡率 3.09%。

通过核查发现，永丰变 /35kV 母线平衡率，自 6 月 4 日起，一体化电量与线损管理系统显示该母线测点 301 主变压器和 312 永坝线正向下表底无推送表码，如图 3–26 所示。

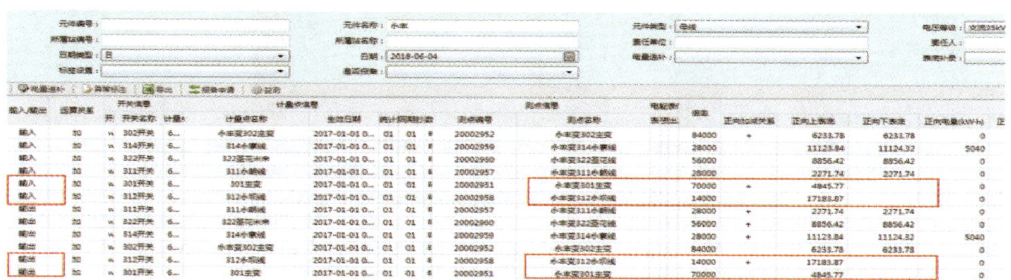

图 3–26　同期系统母平情况图（列表信息）

进一步核查发现，用采系统显示该母线测点 301 主变压器和 312 永坝线状态为不可用，无法采集，导致推送失败，如图 3–27 所示。

测量点信息　采集信息体　计量信息

测量点信息

测量点编码	测量点名称	状态	关口类型	终端内部地址	计量点编号	采集对象标识	电表标识	小数点位数	开关号	综合倍率	电压等级
20002962	永丰变326备用	不可用	指标分析	14	3100190514	10000016837665C	82000000217040E	2	326	21000	35kV
20002961	永丰变324备用	不可用	指标分析	13	3100190512	10000016837665C	82000000217046E	2	324	7000	35kV
20002951	永丰变301主变	不可用	指标分析	3	3100190481	100000163230297	201200011418881	2	301	70000	35kV
20002958	永丰变312永坝线	不可用	指标分析	10	3100190503	10000016323029E	20120001141778E	2	312	14000	35kV
20002953	永丰变501主变	可用	指标分析	5	3100190495	100000169198524	820000002170384	2	501	68000	10kV
20002954	永丰变502主变	可用	指标分析	6	3100190489	100000169154781	82000000217045Z	2	502	60000	10kV
20002950	永丰变102主变	可用	线路供电考核	2	20094204909	10000015533195S	201200011500281	2	102	88000	110kV
20002952	永丰变302主变	可用	指标分析	4	3100190483	10000017789757E	201200011418881	2	302	84000	35kV
20002957	永丰变311永麒线	可用	指标分析	9	3100190499	10000017789745:	20120001141778Z	2	311	28000	35kV
20002956	永丰变112河永线	可用	指标分析	8	3100190498	100000163229921	201200011500281	2	112	132000	110kV

图 3–27　同期系统母平情况图（明细信息）

六、表码采集质量监测实例

【案例 1】高压用户表码异常监测

高压用户表码数据质量是同期线损各项指标的计算基础，为进一步督促各单位加强高压用户采集运维管理水平，提升表码采集的完整性和准确性，大数据分析部对高压用户表码采集质量进行了监测。

8 月 1 日 ~9 月 3 日，共监测发现高压用户表码异常数据 597 条（表码跳变 43 条，表码未按日采集 518 条，有功总存在空值 36 条），各单位异常表码数据如图 3–28 所示，共计影响 207 条 10kV 线路的日线损率。各单位影响的线路分布情况如图 3–29 所示。从表码异动数据及影响线路的分布看，各单位均不同程度受到高压用户表码异常数据的影响。目前同期系统日线损指标占比达到 50%，日线损采用“*T*–2”计算模式，高压用户采用日累加电量方式，

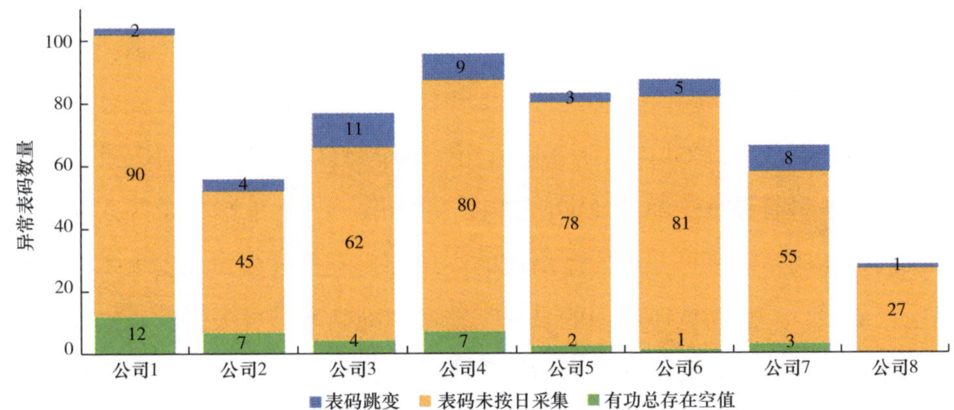

图 3–28　各单位表码异常数据分布图

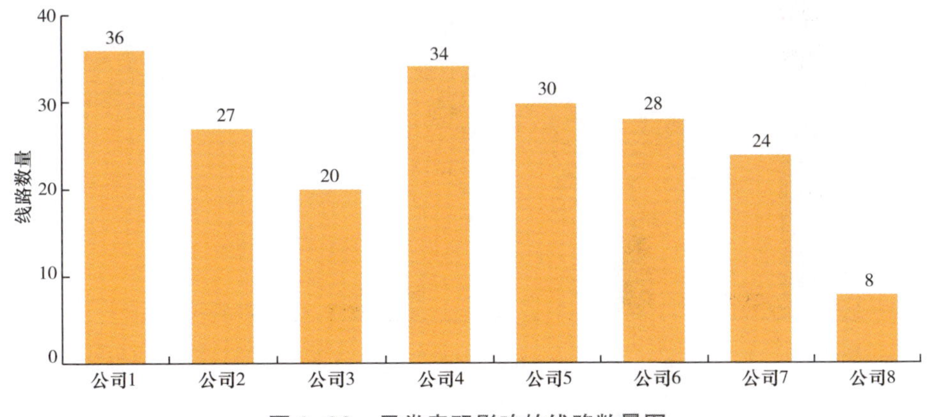

图 3–29　异常表码影响的线路数量图

在“线—变”关系维护正确的情况下，高压用户日表码数据质量将是影响10kV线路线损的主要因素。建议：①各单位计量专业加强异常表计的核查力度，制定措施，提升表计日表码采集质量；②运检和营销人员加强协同配合，完善表码异常数据整改机制，在发现表码异常数据后，能及时高效完成表码补录修复。

【案例2】同期系统高、低压用户售电量接入质量监测

同期系统日计算中存在大量的电量接入错误情况，主要为10kV高压用户和低压用户，某供电公司10kV高压用户电量占总售电量的22.65%；低压售电量占总售电量为16.28%，占比较大如图3–30所示；由于这两类售电量的数据量最大，接入质量最低，导致该公司分区线损率测算准确率低，达标难度较大。1月1~31日，监测发现有10户10kV高压用户10天的售电量发生跳变，跳变电量合计6404.87万kWh；有19个台区的22天的售电量发生跳变，跳变电量合计637.08万kWh，如图3–31所示，严重影响同期系统分区日线损计算完整率。公司1发生跳变的高压用户最多，公司5发生跳变的低压用户最多，目前高低压用户的采集完整率和准确率已成为影响线损计算的关键因素，一方面需要提高现场表计采集质量，另一方面需要完善表码和电量从用采系统至同期系统数据传输链路的传输机制才能有效解决此类问题。

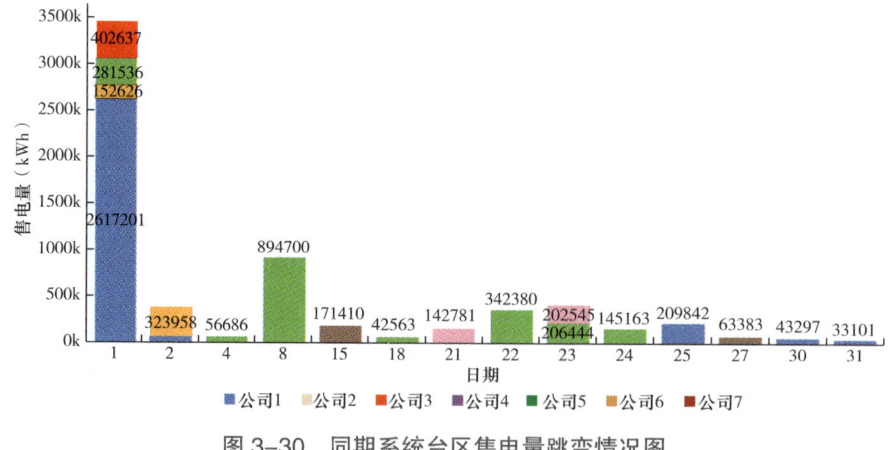

图3–30 同期系统台区售电量跳变情况图

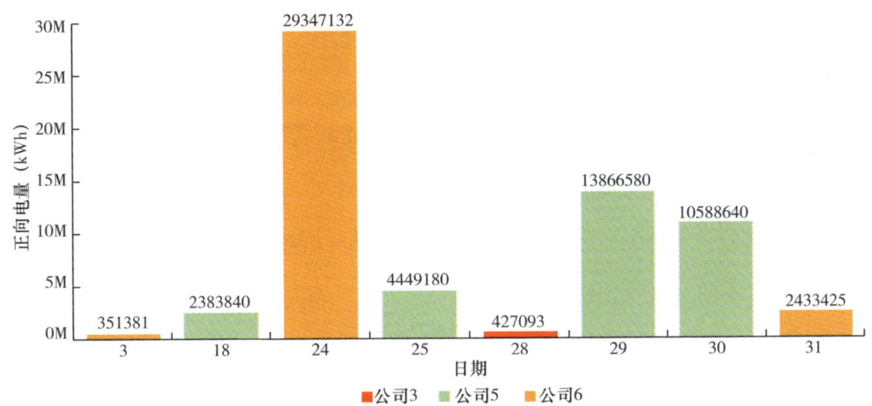

图 3-31　同期系统 10kV 高压用户跳变情况图

【案例 3】计量装置更换及换表流程

为进一步推进线损管理，大数据分析部、营销部共同对 75180 个关口表、台区总表、高压用户计费总表的换表情况及换表记录维护进行了监测分析，主要情况如图 3-32 所示。

无换表记录、换表后 3 日内未及时录入换表记录、换表记录录入错误 3 种不规范情况，台区总部、关口表计换表相对较多，其中公司 1 换表工作管理不规范 21 个，占总换表数比 22.34%；公司 2 有 24 个，占比 19.35%；公

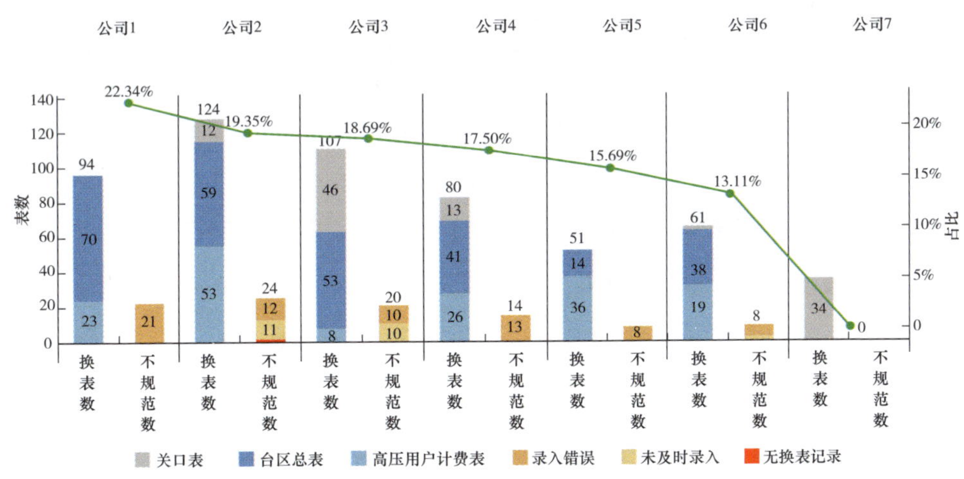

图 3-32　计量装置更换及换表情况图

司 3 有 20 个，占比 18.69%；公司 4 有 14 个，占比 17.5%；公司 5 有 8 个，占比 15.69%；公司 7 有 8 个，占比 13.11%。

【案例 4】用户（含考核户）归档立户不及时监测

通过对 2018 年公司所有新装高压用户（含关口考核用户）立户情况进行监测，发现部分用户接火送电后，归档立户时间超限，导致应纳入统计电量缺失，影响线损异常。如图 3–33 所示，公司 1 有 11 个用户、公司 2 有 7 个、公司 3 有 4 个、公司 4 有 3 个、公司 5 有 1 个、公司 6 有 1 个。经调研发现，存在个别高压用户在业扩流程执行中，未按工作要求实施，人为提前送电；公用变压器、关口考核用户在立户环节中，存在地市公司营销、运检配合不紧密，导致立户延期等情况。建议各单位按照国网管理制度要求，在接火送电的次日完成建档立户及表码采集工作，对新装用户接火送电进行跟踪、督查，杜绝发生手续不全私自送电情况。

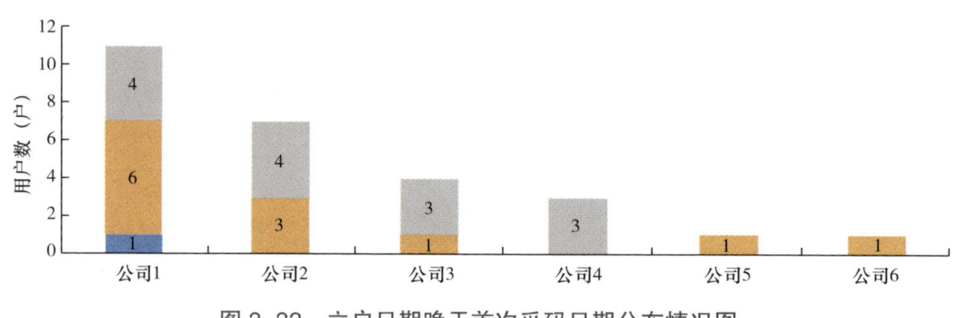

图 3–33　立户日期晚于首次采码日期分布情况图

【案例 5】厂站关口采集提升情况监测

关口表计采集质量主要影响分区、分压、母线平衡等线损率的计算，关口表码采集成功率相对较低，主要原因为采集设备、部分关口表计表码并未作为电费结算使用，之前也无其他用途，在采集设备维护、档案管理等方面存在不足。2017 年关口表码采集成功率经过近一年的治理，较年初平均提升 12%。

在 2017 年的监测过程中发现，存在较多关口 TA、TV 参数维护不正确需要现场核实，主要原因是变电站 TA、TV 更换存在计量与各单位运维检修人员在工作流程上的衔接不畅。公司 2017 年 6 月份已经发文规范，各单位要严格继续按照工作流程、分工、工作联系单等执行，如图 3-34 所示。

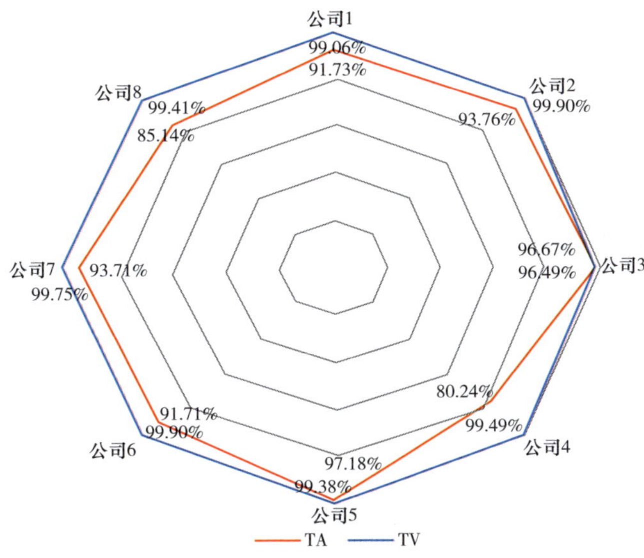

图 3-34　厂站关口采集提升情况监测

第四章

营配调集成监测

营配调数据是支撑同期线损、配网抢修、电网规划等跨专业应用的基础数据，营配调数据贯通是实现数据“一源”多用，跨专业数据共享的工作方法，营配调数据贯通集成监测是提升数据贯通质量的有效手段。营配调集成监测的主要工作目标是在公司各业务信息系统中形成设备之间有关联关系的统一电网模型，对电网模型中各类监测点的贯通一致性进行监测，促进同期线损台区及10kV线损模型生成、业扩报装流程跨系统流转、支撑配网抢修、电网规划等跨业务数据的共享应用；进一步发现业务数据流程中存在的潜在风险点，规范管理，防控风险，从而推进业务管理不断提升。

◆ 第一节 监测业务框架

营配调集成监测范围包括 PMS 系统设备台账、营销系统设备台账、GIS 系统图形台账、PMS-GIS 一致性、营销 -GIS 一致性、GIS 系统图形异常、挂接关系频繁调整等八个监测主题，主要关注变电站、主网线路、配网线路、公用配电变压器（以下简称公配变）、小区变压器（以下简称小区变）、用户专用变压器（以下简称用户专变）以及计量箱等设备台账的规范性以及各系统贯通性，从数量和挂接关系两个方面，制定现场数据采录核查作业规范，完善营配信息异动工作流程及操作规范，实现电网模型的一致性常态化运行，在省、地两级大数据分析部形成闭环、固化的监测体系，不断提升监测水平和成效，促进公司整体基础数据管理。营配调数据监测流程如图 4-1 所示。

营配调集成监测是根据 PMS 系统、GIS 系统和营销系统设备唯一标示对各系统档案和图形的准确性、完整性和一致性进行校核，通过数据治理，实现电网各环节模型信息的贯通。

◆ 第二节 监测视角及主题

营配调集成监测包含变电站 - 线路集成监测、变电站 - 用户专线集成监测、10kV 线路 - 公配变集成监测、10kV 线路 - 小区变集成监测、10kV 线路 - 专变集成监测、公配变 - 计量箱集成监测、GIS 系统图形异常监测和挂接关系频繁调整监测 8 个监测视角。

一、变电站 - 线路集成监测

主要针对 PMS 系统和 GIS 系统中变电站（开关站）、线路的设备信息一

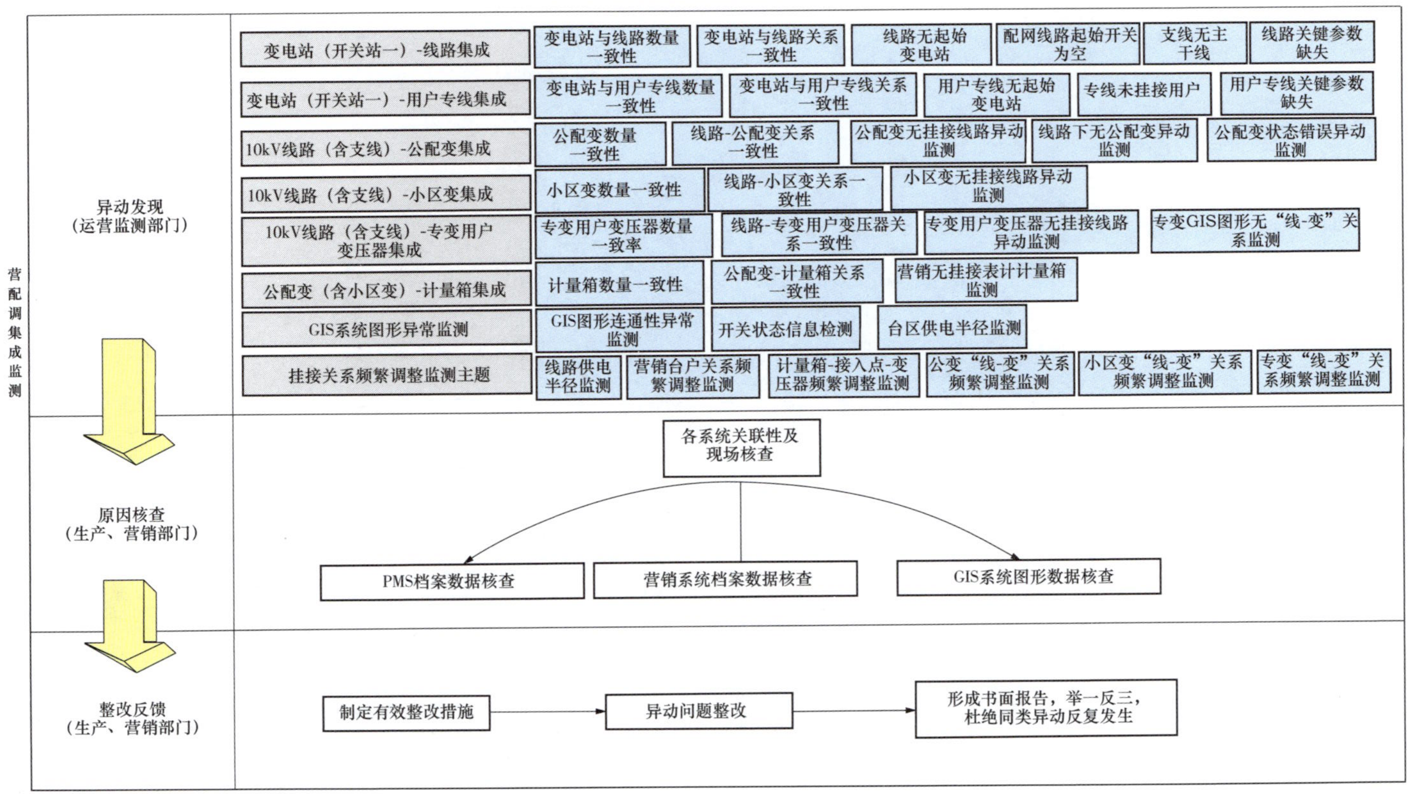

图 4-1 营配调数据监测流程图

致性、拓扑关系准确性进行监测。异动监测内容包括变电站与线路数量一致性、变电站与线路关系一致性、线路无起始变电站、配网线路起始开关为空、支线无主干线、线路关键参数缺失，共计 6 个监测点。主要目的是通过对 PMS 多于 GIS、GIS 多于 PMS 等不一致情况的核实处理，从而提高设备信息和 GIS 图形拓扑关系的准确性和完整性，进一步提升营配调集成一致性。

二、变电站 – 用户专线集成监测

主要针对 PMS 系统和 GIS 系统中变电站（开关站）、用户专线的设备信息一致性、拓扑关系准确性进行监测。异动监测内容包括：变电站与用户专线数量一致性、变电站与用户专线关系一致性、用户专线无起始变电站，共计 3 个监测点。主要目的是通过对营销多于 GIS，GIS 多于营销等不一致情况的核实处理，从而提高设备信息和 GIS 图形拓扑关系的准确性和完整性，进一步提升营配调集成一致性。

三、10kV 线路 – 公配变集成监测

主要针对 PMS 系统和 GIS 系统中 10kV 线路、公配变的设备信息一致性、拓扑关系准确性进行监测。异动监测内容包括：10kV 线路与公配变数量一致性、10kV 线路与公配变关系一致性、配变无挂接线路、无线 – 变关系线路、公配变状态错误异动，共计 5 个监测点。主要目的是通过对比 PMS 系统和 GIS 系统中公配变台账和图形的集成情况，对公配变数量一致性、10kV 线路（含支线）– 公配变关系一致性、公配变无挂接线路、线路下无公配变以及公配变状态错误进行监测，及时发现异动并督促整改，结合现场实际核查整改情况，为 10kV 分线线损模型的准确建立奠定数据基础。

四、10kV 线路 – 小区变集成监测

主要针对 PMS 系统和 GIS 系统中 10kV 线路、小区变的设备信息一致性、

拓扑关系准确性进行监测。异动监测内容包括：10kV 线路与小区变数量一致性、10kV 线路与小区变关系一致性、小区变无挂接线路，共计 3 个监测点。主要目的是通过对比 PMS 系统和 GIS 系统中小区变台账和图形的集成情况，对小区变数量一致性、10kV 线路（含支线）– 小区变关系一致性、小区变无挂接线路进行监测，发现并整改小区变错误字段信息，提高小区变数据集成一致率。

五、10kV 线路 – 专变集成监测

主要针对营销系统和 GIS 系统中 10kV 线路、专变的设备信息一致性、拓扑关系准确性进行监测。异动监测内容包括：10kV 线路与专变数量一致性、10kV 线路与专变关系一致性、专变用户变压器无挂接线路、专变 GIS 图形无“线 – 变”，共计 4 个监测点。监测主要目的是通过数据核查工具、GIS 图形系统、营销系统取数，结合线下现场核查，对比营销系统和 GIS 系统中专变用户变压器台账和图形的集成情况，对专变用户变压器数量一致性、10kV 线路（含支线）– 专变用户变压器关系一致性，专变用户变压器无挂接线路、专变用户变压器 GIS 图形无挂接线路进行监测，分别统计专变用户变压器的数量，线路与专变用户变压器挂接关系，通过专变用户变压器数量、关系来比对 GIS 系统与营销系统的专变用户变压器贯通情况，及时发现异动并督促整改，结合现场实际核查整改情况，提升专变用户变压器数据贯通一致率，并针对“专变用户变压器”数量、线路挂接专变用户变压器关系一致性进行监测。

六、公配变 – 计量箱集成监测

主要针对营销系统和 GIS 系统中公配变、计量箱的设备信息一致性、拓扑关系准确性进行监测。异动监测内容包括：公配变与计量箱数量一致性、公配变与计量箱关系一致性、营销无挂接表计计量箱，共计 3 个监测点。主要目的是在营销系统、GIS 系统中按供电单位分别对计量箱数量及“公配变 –

计量箱”的关联对应关系进行统计、比对与分析，重点监测计量箱数量一致性情况和“公配变（含小区变）–计量箱”关系一致性情况。通过监测，抽取不一致异动明细进行原因核实与分析，进一步提升异动整改效率，同时为同期线损建设奠定了坚实基础，有效解决台区线损治理过程中出现的低压用户缺失，户变关系错误等异常。

七、GIS 系统图形异常监测

主要是对 GIS 系统拓扑连通性和准确性进行监测。异动监测内容包括：GIS 图形连通性异常监测、开关状态信息监测、台区供电半径，共计 3 个监测点。主要目的是在线监测分析 GIS 系统内计量箱、接入点、变压器、线路、变电站的拓扑关系数据，判断梳理出 GIS 系统图形拓扑连通性异常、垃圾图形等问题，从而提升 GIS 系统图形关系的准确性和完整性。

八、挂接关系频繁调整监测

主要是针对业务部门对线变关系和变户关系核查整改质量开展的监测。异动监测内容包括：“线 – 变”关系频繁调整，高压用户计量点调整，“用户 – 表计 – 计量箱 – 变压器”挂接关系频繁调整，共计 3 个监测点。主要目的是暴露业务部门在治理线损过程中存在的管理问题，督促业务部门提升现场线变关系和变户关系的核查成效，规范线损模型维护流程，提升线损管理水平。

◆ 第三节　监测业务规则

业务监测规则的设定是业务监测分析工作的核心，本节将结合电力公司关于营配调集成管理的相关规定，确定营配调集成业务监测的规则。

一、变电站 – 线路集成监测

1. 变电站与线路数量一致性监测

（1）变电站数量监测。对 PMS 系统各单位所属的在运、未投运、现场留用的变电站数量与 GIS 系统中各单位运行维护的变电站（GIS 图形 ID 为 42 位）数量进行统计，监测两系统中变电站数量是否一致。针对存在数量差异的情况，监测同一变电站在 GIS 系统的“运行单位”和 PMS 系统的“运维单位”是否一致；监测是否存在有图形无台账或有台账无图形情况；监测图形与台账在各系统中是否有关联关系。

（2）主网（配网）线路数量监测。对 PMS 系统各单位所属线路（线路状态为“在运”，资产性质为“非用户”）数量与 GIS 系统中各单位运行维护的线路（GIS 图形 ID 为 42 位，GIS 系统类型不为“营销设备”）数量进行统计，监测两系统主网（配网）线路数量是否一致。针对存在数量差异的情况，监测同一主网（配网）线路在 GIS 系统的“运行单位”和 PMS 系统的“运维单位”是否一致；监测是否存在有图形无台账或有台账无图形情况；监测同一主网（配网）线路图形和台账在各系统中是否有关联关系。

2. 变电站与线路关系一致性监测

分别统计 PMS 系统和 GIS 系统中所有变电站与主网线路、配网线路的关联对应关系，监测两个系统主网（配网）“站 – 线”关系是否一致，分为下列 4 种异动。

（1）线路无起始变电站。监测 PMS 系统主网线路未维护起始变电站的情况（不包含 T 接线路）、配网线路未维护起始变电站的情况（不包含 10kV 支线）或 GIS 图形中未关联变电站的情况，满足以上任一种情况，判断为异动。

（2）配网线路起始开关为空。当 PMS 系统配网线路未维护起始开关、或 GIS 图形中未关联开关，判断为异动。

（3）支线无主干线。当支线线路没有挂接在主干线或上级线路上时，判断为异动。

（4）线路关键字段缺失。监测 PMS 系统线路关键字段是否缺失，当线路档案中“运行、线路名称、线路性质、电压等级、是否农网、设备状态、架空接线方式、所属主线、架空线路长度、电缆线路长度、线路总长度、型号、投运日期、线路性质、所属地市、所属区县、运维单位、维护班组”，任意字段有缺失时，则判断为异动。

二、变电站（开关站）– 用户专线集成监测

1. 用户专线数量一致性监测

对营销系统中所属用户专线数量（公 / 专线标识为“专线”，线路非拆除）与 GIS 系统中各单位运行维护的用户专线数量（GIS 图形 ID 不等于 42 位）进行统计，监测两系统用户专线集成情况。针对存在数量差异的情况，监测同一用户专线在 GIS 系统的“运行单位”和 PMS 系统的“运维单位”是否一致；监测是否存在有图形无台账或有台账无图形情况；监测同一专线图形和台账分别在各系统中是否有关联；监测判断专线用户的新增、变更情况。

2. 变电站与用户专线关系一致性监测

分别统计营销系统和 GIS 系统中变电站与用户专线关联对应关系，监测两系统同一用户专线图形和台账“站 – 线”关系是否一致；监测判断专线用户的变更及 GIS 图形绘制是否同步。

3. 用户专线无起始变电站

当用户专线未维护起始变电站（不包含 T 接线路）或 GIS 图形中未关联变电站时，则判断为异动。

三、10kV 线路（含支线）– 公配变集成监测

1. 公配变数量一致性监测

对 PMS 系统各单位所属的公司资产配电变压器（公配变状态为“在运”，

资产性质为“非用户”，电压等级为10kV）数量与GIS系统中各单位运行维护的公用配电变压器（GIS图形ID为42位，电压等级为10kV，GIS系统类型为“运检设备”）数量进行统计，监测两系统公配变信息集成贯通情况。针对存在数量差异的情况，监测同一公配变在GIS系统的“运行单位”和PMS系统的“运维单位”是否一致；监测是否存在有图形无台账或有台账无图形情况；监测同一公配变图形和台账在各系统中是否有关联；监测判断公配变的新增、变更情况。

2. 10kV线路（含支线）–公配变关系一致性监测

分别统计PMS系统和GIS系统中所有公网线路与公配变的关联对应关系，监测PMS系统中同一公配变所属“主线名称”与GIS系统中公配变“所属线路名称”是否一致，如不一致（包含GIS系统“所属线路名称”为空和PMS系统“主线名称”为空的情况），则判断为异动。

3. 公配变无挂接线路监测

当公配变未挂接线路时，判断为异动。核查公配变无挂接线路异动原因，判断公配变未生成线–变关系是否为系统字段维护不全、垃圾数据等原因导致。

4. 无线–变关系线路监测

当线路不为空载线路，但无挂接变压器时，判断为异动。

5. 公配变状态错误监测

（1）公配变未投运状态监测。监测PMS系统中公配变运行状态为“未投运”，但“投运日期”不为空、公配变对应台区考核总表有表码走字的异动，核查公配变是否现场已投运但系统状态未更新；监测出厂日期已超过3年但现场仍未投运的公配变异动，结合线下调研判断是否为现场已停用、退运变压器系统状态错误、垃圾数据等原因导致；监测公配变系统状态在“投运”和“未投运”之间状态调整超过3次的异动，结合线下调研核查是否存在生产和营销专业在公配变推送以及业扩流程等环节协同沟通不畅、通过状态的频繁调整提升指标等异动情况。

（2）公配变退役状态异动监测。监测 PMS 系统中公配变运行状态为“退役”，但公配变对应台区考核总表有表码走字的异动，核查公配变是否现场为投运状态但系统状态未更新；监测 PMS 系统公配变状态为已退役但 GIS 系统仍有图形的公配变异动。

（3）公配变现场留用状态异动监测。监测 PMS 系统中公配变运行状态为“现场留用”，但公配变对应台区考核总表有表码走字的异动，核查公配变是否现场为投运状态但系统状态未更新；监测状态为“现场留用”的公配变超过 2 年的异动，核查公配变长期现场留用的原因。

四、10kV 线路（含支线）– 小区变集成监测

1. 小区变数量一致性监测

对 PMS 系统各单位所属的公司资产配电变压器（小区变状态为“在运”，使用性质为“公用变”，资产性质为“用户”，电压等级为 10kV）数量与 GIS 系统中各单位运行维护的公用配电变压器（GIS 图形 ID 为 42 位，电压等级为 10kV）数量进行统计，进行小区变数量一致性监测。针对存在数量差异的情况，监测同一小区变在 GIS 系统的“运行单位”和 PMS 系统的“运维单位”是否一致；监测是否存在有图形无台账或有台账无图形情况；监测同一小区变图形和台账在各系统中是否有关联；监测 PMS 系统“资产性质”和 GIS 系统“系统类型”是否一致；监测判断小区变的新增、变更情况。

2. 10kV 线路（含支线）线路 – 小区变关系一致性监测

分别统计 PMS 系统和 GIS 系统中所有公网线路与小区变的关联对应关系，监测两系统小区变“线 – 变”关系是否一致。

3. 小区变无挂接线路异动监测

监测小区变未挂接线路异动，判断小区变未生成线 – 变关系是否为系统字段维护不全、垃圾数据等原因导致。

五、10kV 线路（含支线）- 专变集成监测

1. 专变用户变压器数量一致性监测

分别统计营销系统（公 / 专线标识为“专线”，线路非拆除）和 GIS 系统（GIS 图形 ID 不等于 42 位）中专变用户变压器的数量，监测 GIS 系统与营销系统的贯通情况。针对存在数量差异的情况，监测营销系统“管理单位”和 GIS 系统“运行单位”是否一致；监测是否存在有图形无台账或有台账无图形情况；监测同一专变图形和台账在各系统中是否有关联；监测 GIS 系统类型与营销系统变压器公 / 专变性质不符等情况；监测判断用户专变的新增、变更情况。

2. 10kV 线路（含支线）- 专变关系一致性监测

分别统计营销系统和 GIS 系统中所有线路与专变用户变压器的关联对应关系，监测营销系统变压器与 GIS 变压器图形“线 – 变”关系是否一致。

3. 专变用户变压器无挂接线路异动监测

监测专变用户变压器无挂接线路异动，核实专变用户变压器现场实际挂接情况，判断是否因系统字段维护不全、未删除垃圾数据等原因造成无挂接线路关系异动。

4. 专线用户变压器 GIS 图形无“线 – 变”关系监测

当 GIS 系统专变变压器未挂接线路或生成的 GIS 线变关系为解除时，则判断为异动。查看变压器 GIS 图形节点是否悬空，有无连接线路；GIS 系统图形中有无所属大馈线线路，是否与营销系统挂接线路一致。现场调研核实 GIS 系统变压器图形有无挂接线路等，是否属于营销系统变压器销户导致 GIS 图形未及时删除等原因导致异动。

六、公配变 – 计量箱集成监测规则

1. 计量箱数量一致性监测

对营销系统各单位所属的计量箱数量与 GIS 系统中各单位维护的计量箱

数量进行统计分析，监测同一计量箱图形和台账在各系统中是否有关联；监测是否存在有图形无台账或有台账无图形情况；监测 GIS 系统中“运行单位”的所属地市与营销系统中“供电单位”的所属地市是否一致。

2. “公配变（含小区变）- 计量箱”关系一致性监测

分别统计营销系统和 GIS 系统中所有计量箱与公配变（含小区变）的关联对应关系，监测同一计量箱在营销系统和 GIS 系统所属公配变是否一致。

3. 营销无挂接表计计量箱监测

当营销系统计量箱在运但无挂接表计时，判断为异动。

七、GIS 系统图形异常监测

1. GIS 图形连通性异常监测

当 GIS 系统计量箱未挂接表计或 GIS 系统接入点与变压器未连通或变压器未挂接线路，只要满足其中任一条件，则判断为异动。核查拓扑关联异常的计量箱、接入点、变压器等设备，梳理图形连通性错误、拓扑完整性错误、图形所属关系不一致、孤立图形等异常情况。

2. 开关状态信息监测

监测断路器、负荷开关和隔离开关的系统状态，当系统状态与现场实际不一致时，判断为异动。

3. 台区供电半径监测

根据 GIS 台区图形地理位置信息线上计算台区变压器到最远处用户的导线长度，当计算结果大于 5km 时，判断为异动。

八、挂接关系频繁调整监测

1. “线 - 变”关系频繁调整监测

用于监测某个时间段生产 GIS 系统调整公配变（小区变）“线 - 变”关系情况，当一个监测周期内线变关系调整 3 次及以上判定为异动。

2. 高压用户计量点调整监测

用于监测某个时间段营销系统调整计量箱状态情况，当一个监测周期内计量点状态调整 3 次及以上判定为异动。

3. 计量箱 – 接入点 – 变压器频繁调整监测

用于监测某个时间段 GIS 系统调整计量箱 – 接入点 – 变压器关系情况，当一个监测周期内调整 3 次及以上判定为异动。

◆ 第四节　监测分析实例

本节将根据上述的监测视角和监测规则，结合某公司实际的营配调集成案例，分析营配调集成管理中的存在的问题。

一、营配调集成完成情况监测

经过开展营配调集成及同期线损监测工作，公司整体基础管理得到很大的促进，对存在的薄弱环节和还未彻底完成治理的工作，进行全面梳理，制订监测目标。

（1）设备数量一致率。截至 12 月，各系统之间设备数量一致性方面，均达到了 99% 以上的水平，专变、专线、小区变一致性提升最多。C 公司多个指标连续 3 个月均达到了 100% 的一致率，如图 4–2 所示。

（2）设备挂接关系一致率。挂接关系指系统中设备之间的连接关系，是电网拓扑连接一致性的体现形式。如图 4–3 所示，截至 12 月，各系统设备关系一致性方面，也能达到 99% 以上的水平，“线路 – 专变”“变电站 – 专线”“线路 – 小区变”提升较大。C 公司多个指标连续 3 个月均达到了 100% 的一致率。

设备数量与挂接关系存在一定的相关性，设备数量缺失必然导致关系不完整。建议各单位首先要核查在运设备数量的一致性，确保与实际电网一致。

	计量箱	专变	专线	公配案	小区变	主网线路	配网线路
某省公司	99.59% 98.06%	99.73% 77.10%	96.50% 74.78%	99.81% 99.16%	99.21% 63.30%	99.90% 98.54%	99.32% 94.24%
A公司	97.08% 98.47%	99.51% 99.11%	95.67% 71.50%	99.39% 99.39%	99.38% 47.38%	100.00% 100.00%	99.97% 95.93%
B公司	99.80% 98.16%	99.92% 86.15%	96.36% 96.79%	99.30% 97.80%	97.59% 86.01%	100.00% 93.55%	94.43% 81.31%
C公司	99.98% 98.16%	99.92% 70.31%	100.00% 73.44%	100.00% 99.79%	100.00% 87.81%	100.00% 98.96%	100.00% 99.47%
D公司	99.94% 99.70%	99.64% 51.24%	95.45% 76.49%	99.95% 99.42%	99.88% 78.57%	100.00% 100.00%	100.00% 99.86%
E公司	99.96% 97.48%	99.94% 60.43%	98.01% 62.22%	100.00% 99.70%	99.50% 75.28%	100.00% 98.84%	100.00% 97.26%
F公司	99.81% 97.65%	99.86% 51.85%	97.44% 34.69%	99.87% 99.39%	98.66% 79.79%	100.00% 100.00%	100.00% 91.36%

1月 12月

图 4–2 ××公司 2017 年营配调集成设备数量一致率

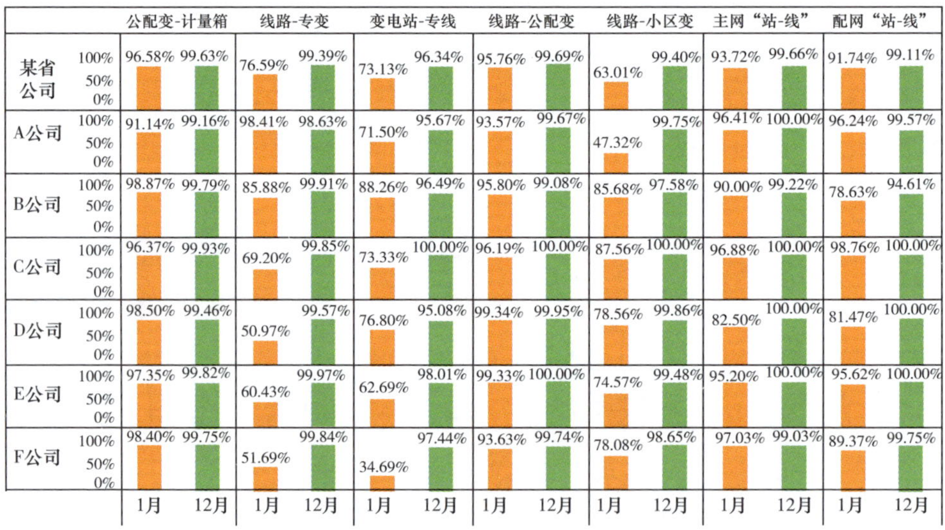

图 4–3 ××公司 2017 年营配调集成设备关系一致率

二、营销公变台区变压器档案监测

开展营配数据治理工作以来，全公司已完成 29695 个台区下低压用户转档工作，截至目前，还存在 88 个台区下存在关联 2 个及以上变压器的情况，不满足“一台区一变压器”的营配集成工作要求（见图 4–4），其中 A 公司 40 台、B 公司 32 台、C 公司 6 台、D 公司及 E 公司等 4 台，F 公司 2 台。经核查，主要原因为营配调集成过程中营销系统存在自建的变压器，同时 PMS 系统又推送了相同的变压器，还未进行台区档案处理，导致一台区下存在两个运行的公用变压器。

A 公司某台区，存在两个在运的配电变压器，其中营销系统自建一个，PMS 推送一个，如图 4–5 所示。

通过进一步治理，各单位对 88 个异动台区全部完成治理，满足“一台区

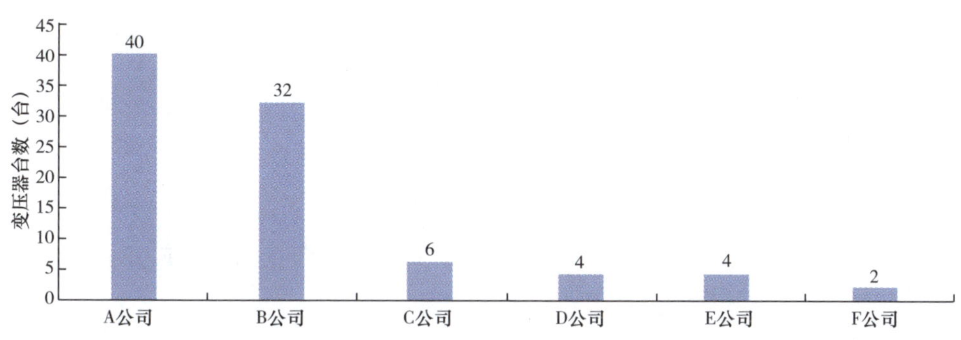

图 4–4　× × 公司公变台区下多个变压器分布图

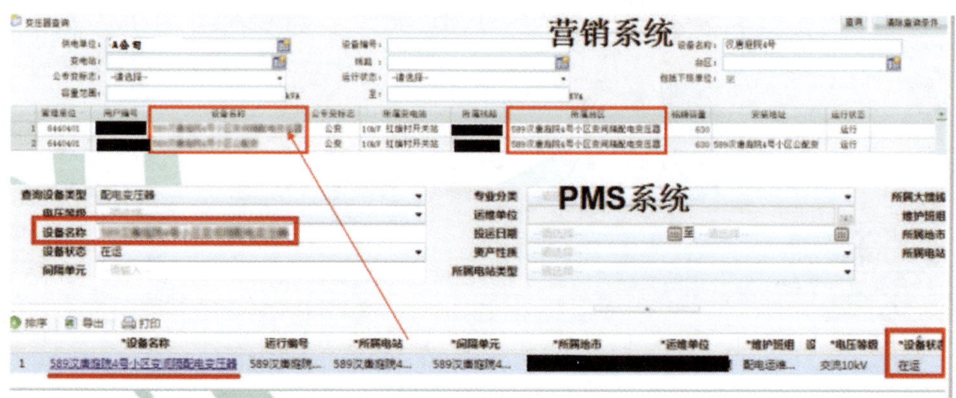

图 4–5　A 公司某台区挂接变压器异动图

一变压器”的营配集成工作要求。

三、用户计量点无挂接关系监测

为进一步推进同期线损系统建设，促进线损治理，大数据分析部、营销部、发展部协同工作，2019 年对用户计量点、计量箱、变压器挂接关系准确性进行了监测分析。计量点等挂接关系缺失、错误直接影响线损售电量的统计计算。

经监测，公司共有低压用户 3516098 个，在各级营销人员的努力工作下，用户计量点与变压器的挂接关系准确性不断提升。3 月份为 1.3 万户，目前还存在 4462 个用户计量点无上级计量箱、变压器挂接关系；84 个专变无上级线路挂接关系等异动情况，将导致该部分电量无法统计到同期线损系统。

为提升线损计算正确性，完善营配调集成售电量统计，对 4 月 25 日所有用户计量点的挂接关系进行了监测分析，各单位异动情况如图 4–6 所示，A 公司 2853 户，占低压用户比例为 0.21%；B 公司 543 户，占比为 0.11%；C 公司 487 户，占比为 0.1%；D 公司 437 户，占比为 0.08%；E 公司 53 户，占比为 0.05%；F 公司 89 户，占比为 0.02%。

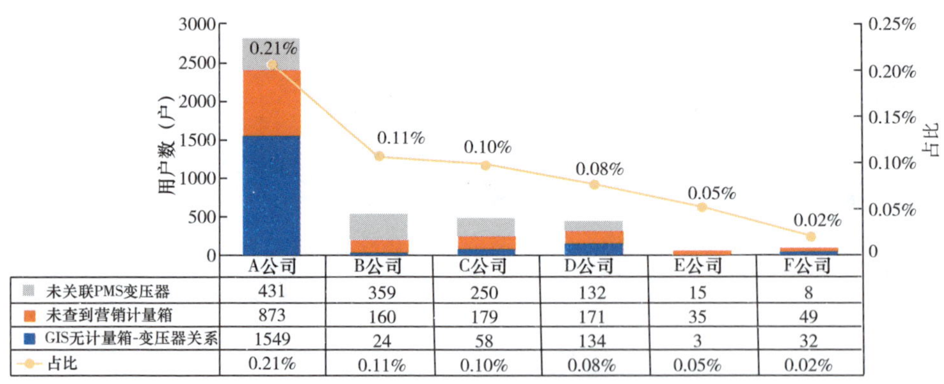

	A公司	B公司	C公司	D公司	E公司	F公司
未关联PMS变压器	431	359	250	132	15	8
未查到营销计量箱	873	160	179	171	35	49
GIS无计量箱-变压器关系	1549	24	58	134	3	32
占比	0.21%	0.11%	0.10%	0.08%	0.05%	0.02%

图 4–6 低压用户计量点未挂接变压器分布情况图

（1）部分计量点挂接关系为空，涉及用户 1467 户，档案维护错误，营销系统未查到对应计量箱，如图 4–7 所示。

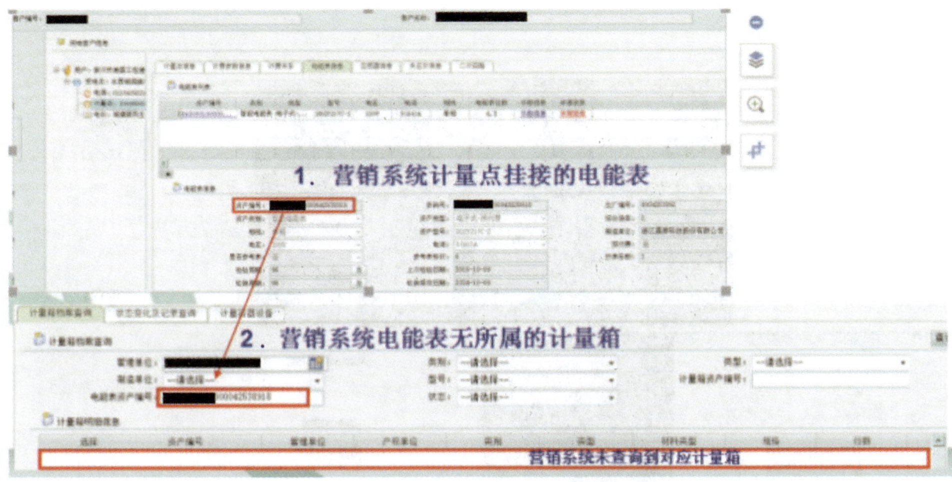

图 4–7　计量点挂接关系异动图

（2）部分营销计量点所在计量箱对应 GIS 系统计量箱关系为空，涉及用户 1800 户，GIS 系统计量箱与营销系统未贯通（无“营销计量箱 –GIS 计量箱”关系），如图 4–8 所示。

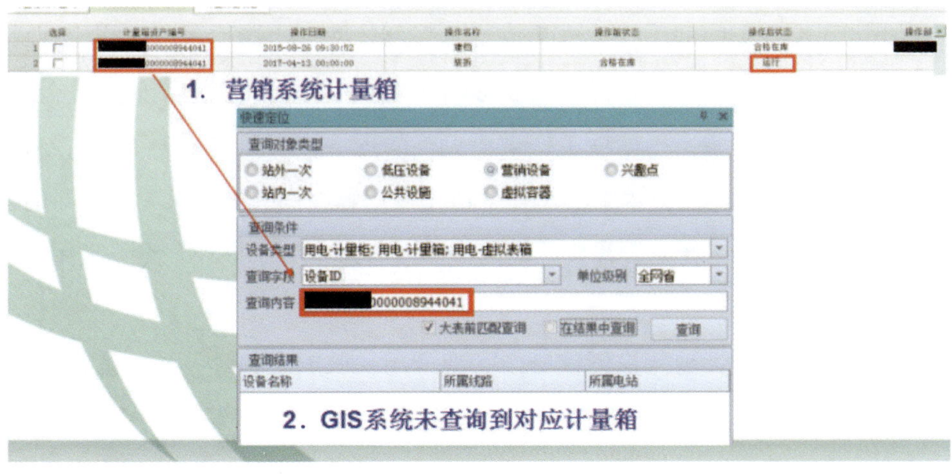

图 4–8　计量箱挂接关系异动图

（3）部分 GIS 计量箱未关联挂接 PMS 系统变压器，涉及用户 1195 户，GIS 系统中未正确维护计量箱与 PMS 设备的关联关系，如图 4–9 所示。

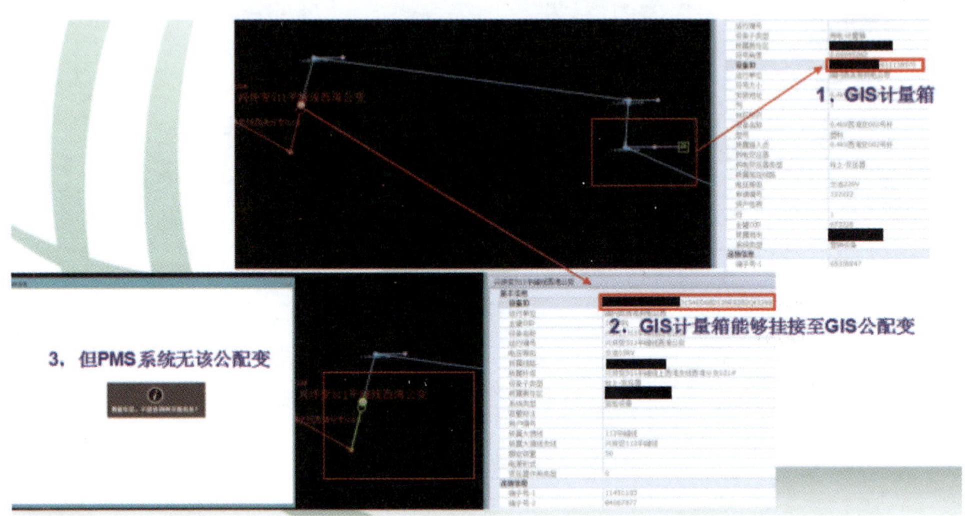

图 4–9　计量箱与变压器挂接关系异动图

原因分析及建议：用户表计、计量箱、变压器等挂接关系缺失、错误等，除了缺少定期进行用电检查、不用按月抄表导致的客户基础管理薄弱外，小区（小区变梳理）内部接线关系不清楚、部分公网变压器下用电客户拉线无标记等，是数据不能维护正确的主要原因。大数据分析部实地调研地市公司业务人员梳理户变关系，该项工作需要大量的现场核实。户变关系核实除拉路停电外，缺乏有力的技术手段（如手持用户信息查询终端等），主要靠寻找表计及对商户、小区物业、客户等的问询、配合进行关系梳理，对无表用电、表前用电缺乏手段。

建议各单位扩大台区识别仪等设备的应用，试点更有效技术方法，对目标台区及周边台区尽可能一同梳理；建议营销部、科信部开发能应用于手持设备或手机上的客户信息查询软件，通过扫描表计条码能快速现场查询客户各种信息。

四、专变变压器无挂接关系

为提升 10kV 线路线损计算正确性，对专变用户变压器的挂接关系进行了监测分析，各单位异动情况如图 4-10 所示，A 公司 60 个，占专变比例为 0.45%；B 公司 6 个，占比为 0.21%；C 公司 11 个，占比为 0.2%；D 公司 5 个，占比为 0.1%；E 公司 2 个，占比为 0.06%。

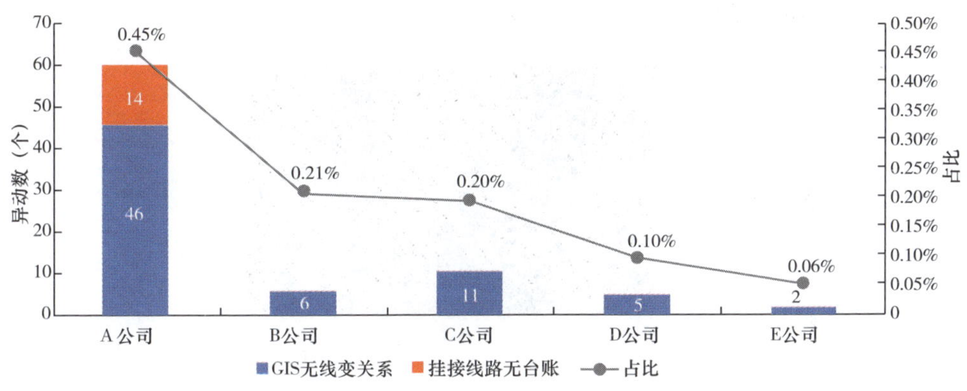

图 4-10　× × 公司专变用户变压器无挂接关系分布图

（1）部分专变用户变压器挂接关系为空，涉及变压器 70 台，主要原因为营销专变用户变压器在 GIS 系统中无线变关系，示例如图 4-11 所示。

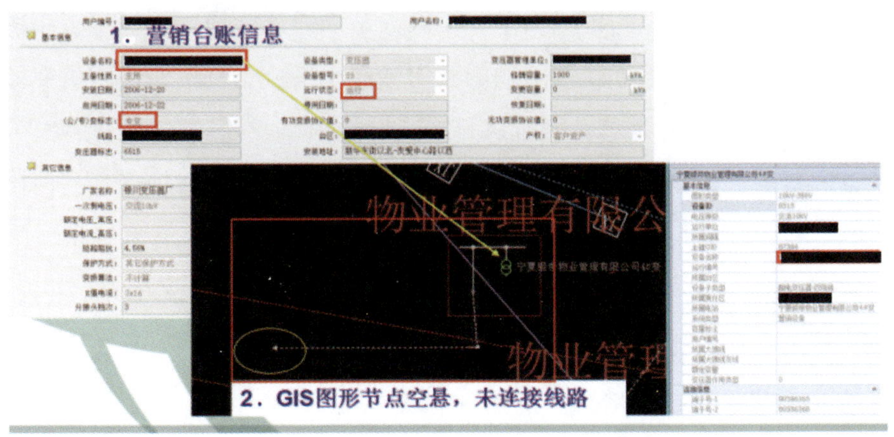

图 4-11　专变用户变压器挂接关系为空

（2）部分专变变压器挂接关系无所属线路，涉及变压器 14 台，不能查询到对应线路台账信息。建议各单位加强专变用户档案台区维护及 GIS 图形维护，促进分线线损管理，如图 4–12 所示。

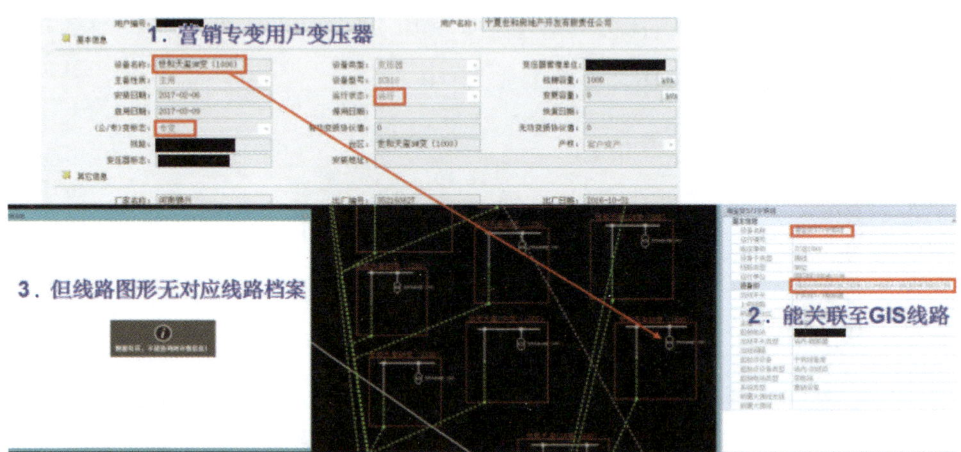

图 4–12　专变变压器挂接关系无所属线路

五、挂接关系频繁调整监测

同期线损是对营配调集成结果的校验，为提升指标，公司各单位不同程度存在同一设备 3 次以上调整“线 – 变”“变 – 户”“箱 – 表”挂接关系的情况。通过调整线变关系、台户关系、箱表关系来提升线损指标，是多年由来已久的管理顽疾，掩盖了线损问题的真实治理水平。经过不断探索研究监测方法，自 2017 年 3 月份起，通过每日对所有线损涉及的档案进行快照保存，将频繁调整的设备关系定期进行通报，一定程度上制约了这种做法，但由于指标考核的压力，该现象至今还存在。

同比 2017 年各单位营配调集成频繁调整（同一设备频繁调整三次以上）情况，2018 年频繁调整明显减少，但 A 公司还是个别存在，F 公司频繁调整整体最少，如图 4–13 所示。

地市	台区-用户关系调整		线变关系调整		计量箱-变压器关系调整	
	2017年	2018年上半年	2017年	2018年上半年	2017年	2018年上半年
A公司	17661	453	2274	339	188	12
B公司	227	165	688	1	207	18
C公司	160	119	97	32	1	5
D公司	83	18	667	13	23	23
E公司	23	20	285	2	29	1
F公司	4	2	210	11	0	9
设备关系调整次数	0k 10k 20k	0k 10k 20k	0k 10k 20k	0k 10k 20k	0k 10k 20k	0k 10k 20k

图 4-13　2017 年与 2018 年上半年各类设备关系调整比对情况图

第五章

集体企业管理监测

集体企业是国家电网公司的有机组成部分，为国家电网公司和电网高质量发展起到重要支撑的作用。集体企业监测能够通过大数据挖掘和分析发现企业在经营发展中存在的突出问题，通过“发现－分析－整改－反馈”的闭环管理活动，促进电力集体企业综合素质和可持续发展能力不断提升，提高集体企业管理水平和市场活力。

◆ 第一节　概述

一、监测业务框架

集体企业监测以产业单位NC系统为基础，涵盖经营指标、经营管理、项目实施、信息化应用等业务内容，重点关注集体企业经营发展、项目实施管理等方面的规范性情况，通过数据分析，实现发现管理盲点、改进经营绩效的作用。促进集体企业合法合规经营，有效规避经营风险。集体企业监测流程如图5–1所示。

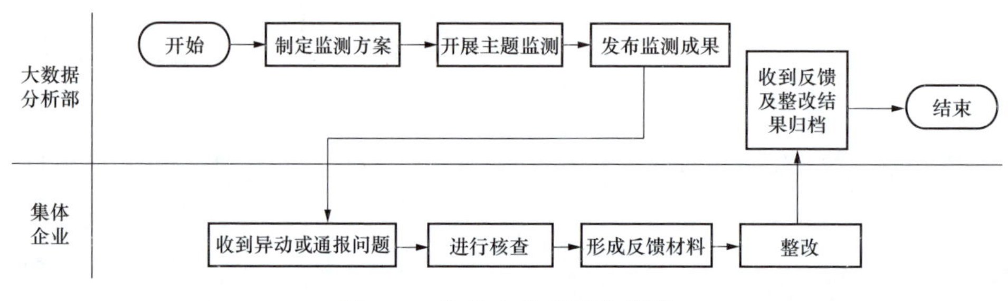

图5–1　集体企业监测流程图

二、监测视角及主题

集体企业监测以NC系统各业务模块流程明细数据为基础，从经营业绩、项目管理、人力资源、物资保障、信息系统应用等方面开展实时监测。集体企业监测主要主题共包括6类，具体清单如表5–1所示。

表 5-1　　集体企业监测主题

监测视角	监测主题	监测方法
经营指标	关键指标对标监测	按照集体企业管理办公室形成的集体企业关键指标对标体系，开展集体企业对标情况监测分析和通报
人力资源	用工情况	应用 NC 系统人力资源模块，人员统计情况开展监测
	取证情况监测	应用 NC 系统人力资源模块，人员统计情况开展监测
	设计及技经管理情况监测	应用 NC 系统人力资源模块，人员抽取设计及技经人员信息，培训情况，进行分析
施工管控	分包情况监测	应用 NC 系统项目分包合同数据，对各集体企业项目分包情况进行统计，比对项目承揽总数，分析集体企业承载力，对超比例分包情况也要进行分析
	工作质量监测（运维指标管理）	对集体企业承揽的主业营销用电采集运维、计量装置改造等项目进行采集成功率等指标比对，评价集体企业运维及施工质量
竞争力	市场占有率监测	在 NC 系统中抽取用户及主业工程项目信息，对用户工程及主业承揽工程比例、实施情况进行监测分析
	项目经理制落实监测	在 NC 系统中提取项目经理的基本信息，分析每个项目经理负责项目的数量和基本情况，进行项目经理落实监测
财务管理	项目精益核算监测	应用 NC 系统项目模块对项目立项、采购、合同、成本及收入确认情况进行监测分析
	项目结算与审核监测	应用 NC 系统项目模块数据，对各年度项目完工情况进行比对分析，并对项目结算情况进行统计对比，进行项目结算效率分析
	往来账款清理监测	应用 NC 系统提取应收账款及专项应付款项数据，定期对清理情况开展监测
信息化管理	NC 系统应用情况监测	对 NC 系统中项目、合同、物资管理模块的应用情况进行抽取和通报
	合同签订管控流程监测	对 NC 系统（一期）的合同管理、流转、审核的应用情况进行抽取和通报

三、监测业务规则

业务监测规则的设定是业务监测分析工作的核心，此处将结合电力公司关于集体企业管理的相关规定，确定集体企业业务监测的规则。

1. 人力资源监测

在NC系统中抽取人力资源报表，按照用工分类、学历、年龄等维度，运用聚类、占比等分析方法开展监测，为集体企业用工优化、人才分布、趋势预测等提供分析依据。

2. 集体企业市场占有率监测

（1）承揽内部项目市场占有率监测规则。在NC系统中抽取创建承揽项目总数，通过项目名称、编码与主业下达项目名称、编码进行比对，统计出其承揽主业项目个数，计算出承揽主业工程比例，分析集体企业内部市场占有率情况，进而加强内部市场的拓展。

（2）承揽用户项目市场占有率监测规则。在NC系统中抽取用户工程项目信息，计算出其承揽外部用户工程比例，根据市场占有率情况，如占有率未达到预期值，积极关注区域内重大投资动向，主动适应业扩项目管理流程变化，以10kV及以上电压等级业扩工程为重点，密切跟踪、及时响应，提升外部市场占有份额。

3. 集体企业项目进度监测

对施工类集体企业承揽的工程项目执行进度开展监测，以各项目合同签订金额、确认收入金额、成本发生金额，进行对应匹配计算，分析项目执行进度情况，对执行进度较慢的项目进行预警。

4. 集体企业项目分包情况监测

对施工类集体企业承揽的工程项目分包情况开展监测，对集体企业承揽工程项目的分包比例进行统计分析。以NC系统中承揽项目合同金额与分包项目合同金额进行比对分析，对超范围分包、转包等情况进行分析和预警。

5. 集体企业应收账款监测

区分集体企业类型（专业或施工）开展应收账款监测，按照欠款年度、账龄、欠款单位性质等维度，对应收款项的分布、变化趋势、应收账款比例进行统计分析，开展监测。

6. 集体企业信息化应用监测

按照集体企业类别，监测各集体企业及子公司在 NC 系统中，对人资管理、合同管理、核算管理、协同办公、工程管理、物资管理 6 个模块的应用情况，以促进集体企业信息化管理的进一步加深。

◆ 第二节　监测分析实例

本节将根据上述的监测视角和监测规则，结合实际的集体企业监测案例，分析集体企业管理中的存在的问题。

一、集体企业人力资源监测

根据 NC 系统中抽取的人员情况表，对各类集体企业的用工总量、人员变动情况、用工构成情况进行分析。如图 5-2 所示，各类集体企业用工总量 1512 人，较上月减少 61 人，其中，公司 7 减少人员最多 58 人，公司 2、公司 4、公司 5、公司 6 分别减少 1~2 人，公司 1、公司 3 分别增加 1~2 人。

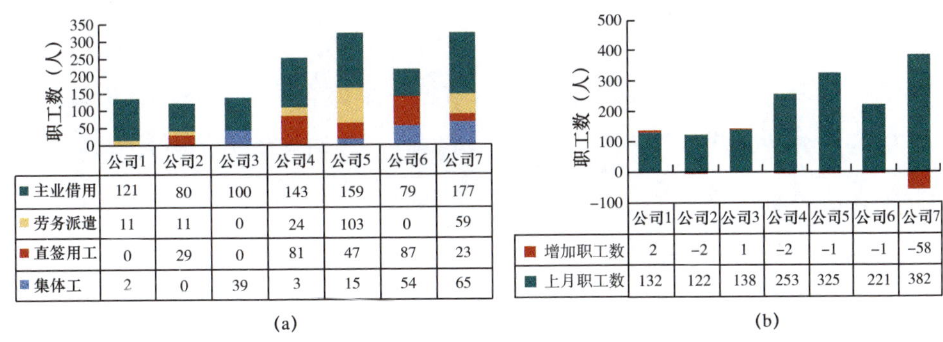

	公司1	公司2	公司3	公司4	公司5	公司6	公司7
主业借用	121	80	100	143	159	79	177
劳务派遣	11	11	0	24	103	0	59
直签用工	0	29	0	81	47	87	23
集体工	2	0	39	3	15	54	65

	公司1	公司2	公司3	公司4	公司5	公司6	公司7
增加职工数	2	−2	1	−2	−1	−1	−58
上月职工数	132	122	138	253	325	221	382

图 5-2　集体企业人力资源监测图
（a）集体企业用工类型分布情况；（b）集体企业人员变化情况

用工人员变化情况如图 5-3 所示，主业协议借用人员 859，环比减少 28

人；集体职工 178 人，环比增加 14 人；直签用工 267 人，环比减少 43 人；劳务派遣 208 人，环比减少 4 人。

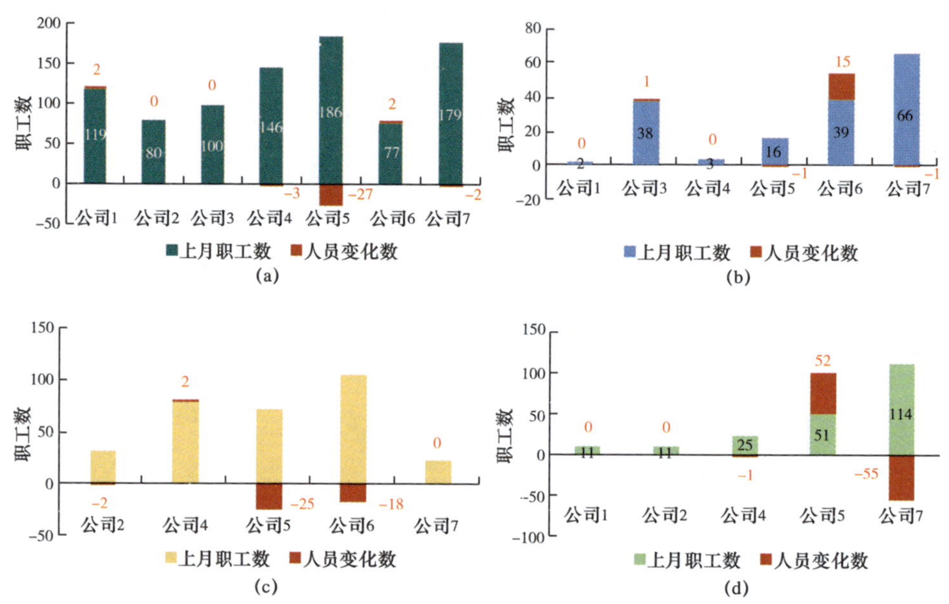

图 5–3　用工人员变化情况图

（a）主业协议借用人员环比变化情况；（b）集体工人员环比变化情况；
（c）直签人员环比变化情况；（d）劳务派遣人员环比变化情况

二、集体企业市场占有率

通过抽取外部项目经营数据，分析掌握各集体企业经营状况，促进集体企业提升服务效率和质量，从而加强集体企业市场拓展能力，提升市场份额，激发经营活力。

如图 5–4 所示，公司 1、公司 2 市场占有率相对较高；公司 6、公司 7 市场占有率均低于 10%。

分析结论：集体企业对于获取用户工程建设信息的渠道不畅、时间滞后，仅停留在业扩报装阶段，导致施工类集体企业承揽业扩工程市场占有率低。

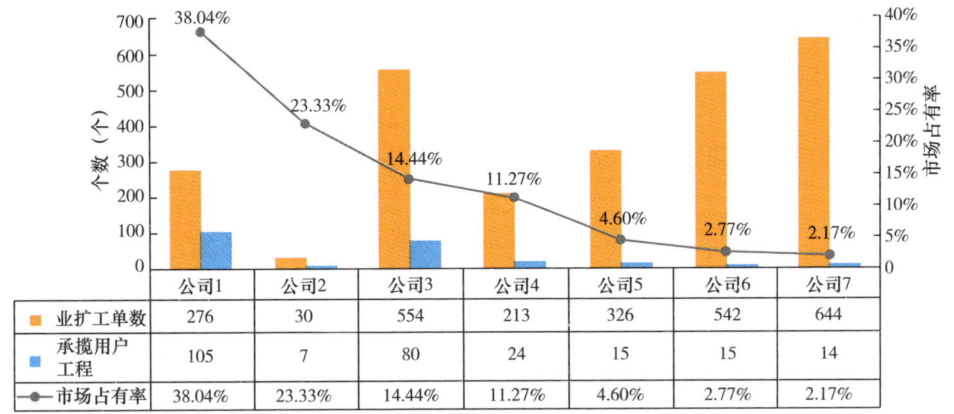

	公司1	公司2	公司3	公司4	公司5	公司6	公司7
业扩工单数	276	30	554	213	326	542	644
承揽用户工程	105	7	80	24	15	15	14
市场占有率	38.04%	23.33%	14.44%	11.27%	4.60%	2.77%	2.17%

图 5-4 集体企业市场占有率图

分析建议：

（1）公司营销部加强设计、施工单位资质审查，严格用户工程设计审核，对不具备资质的单位不予评审、验收；建立用户信息共享机制，设计、施工人员参与用户供电方案现场勘察和设计审核工作；开展用户工程设计、竣工检验质量稽查，对不符合标准、规定的严肃追责。

（2）集体企业应将经营关口进一步前移，在政府规划部门设置用电接待岗，及时掌握用户建设信息，从用户项目规划、前期阶段介入，主动抢占市场。

三、集体企业应收账款

依托 NC 系统财务模块，对施工类集体企业两年及以上用户工程和系统内项目应收账款欠款清收工作进行监测分析。从而切实降低集体企业坏账风险，及时回收资金，提升资金效率。

分析建议：

（1）各集体企业要落实用户工程欠款回收的考核。明确每个用户工程的清欠负责人，追溯解决欠款的原因及问题，对清欠成效进行奖惩；建立项目经理人全过程负责制，加强人员调整后的清收工作交接。

（2）各托管单位要加大集体企业清收工作管理及协调力度。托管单位各级领导要主动与欠款单位沟通协调，并要求历史经办人全面配合追缴欠款；法律部门要加强对集体企业的支持。

四、集体企业信息化系统（NC 系统）应用情况

国网统一建设的 SG-NC 系统是集体企业全业务应用管理平台，涵盖了项目全过程管理、采购管理、合同管理、库存管理、质量管理 5 个功能模块 160 个功能点。能够实现从项目立项开始到物资申请、采购、物资出入库、项目进度管控、项目成本、结算、验收、质量评价等各阶段的流程化管理。为进一步提升信息化管控水平，对公司所属集体企业 NC 系统物资与项目管理类应用模块的应用情况进行了监测。NC 系统项目管理流程如图 5-5 所示。

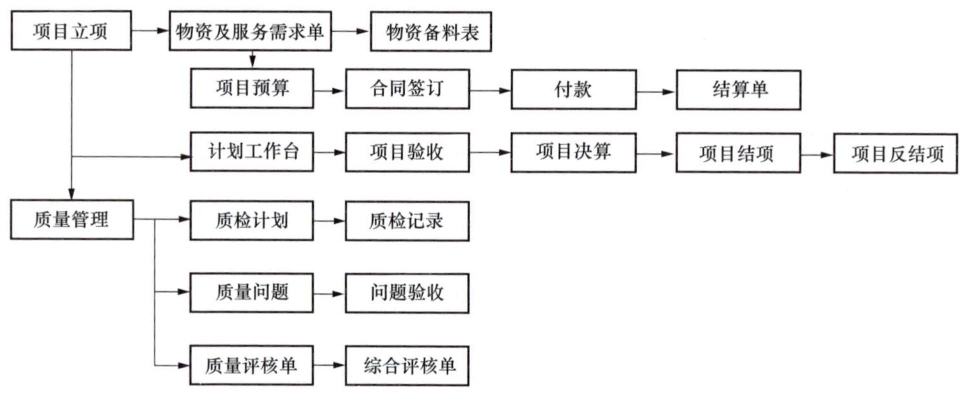

图 5-5　NC 系统项目管理流程图

NC 系统共上线 5 个项目管理相关模块，160 个功能点，已应用功能点 65 个，未应用功能点 95 个，整体应用率为 40.63%。其中，采购管理、项目过程管理模块应用率相对较高，分别为 71.88%、42.11%；项目质量管理、库存管理、项目合同管理应用率相对较低，均低于 40%，整体来看集体企业 NC 系统物资与项目管理信息化应用水平不高，线上管控作用还未实现（见图 5-6）。

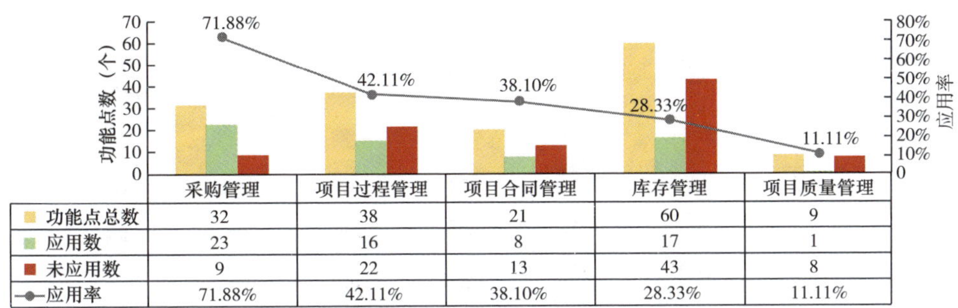

	采购管理	项目过程管理	项目合同管理	库存管理	项目质量管理
功能点总数	32	38	21	60	9
应用数	23	16	8	17	1
未应用数	9	22	13	43	8
应用率	71.88%	42.11%	38.10%	28.33%	11.11%

图 5-6　NC 系统各功能模块应用情况图

1. 采购管理模块各功能点应用情况

NC 系统采购管理模块共 7 个功能模块、32 个功能点。其中，采购结算、请购单、采购订单、到货单、采购发票等功能模块应用较好；物资需求申请单功能模块仅公司 7 进行了应用，其他公司均未应用，如图 5-7 所示。

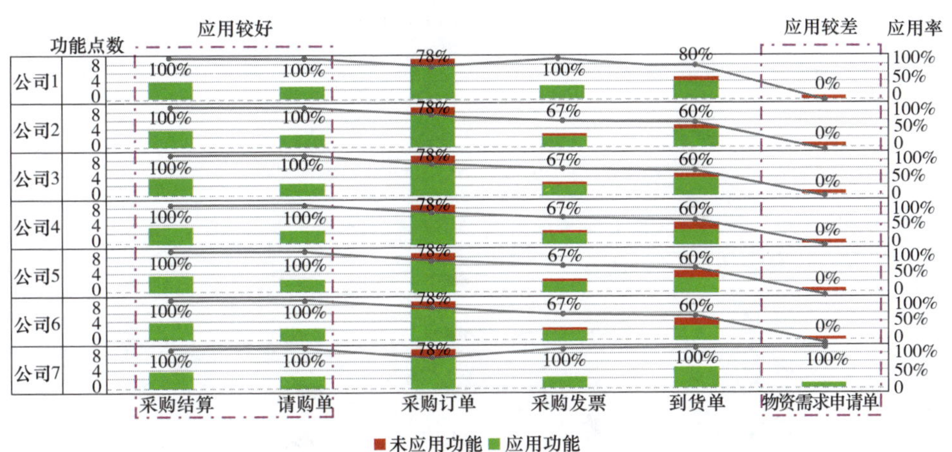

图 5-7　各集体企业 NC 系统采购管理功能应用情况图

2. 项目过程管理模块各功能点应用情况

目前，NC 系统中项目过程管理模块共 13 个功能模块、38 个功能点。其中，物资备料功能模块应用较好，项目立项、计划管理、项目验收功能模块应用程度不高，项目变更、结项、决算功能模块应用情况较差，验收管理模块仅有公司 6 进行了应用，其他公司均未应用，如图 5-8 所示。

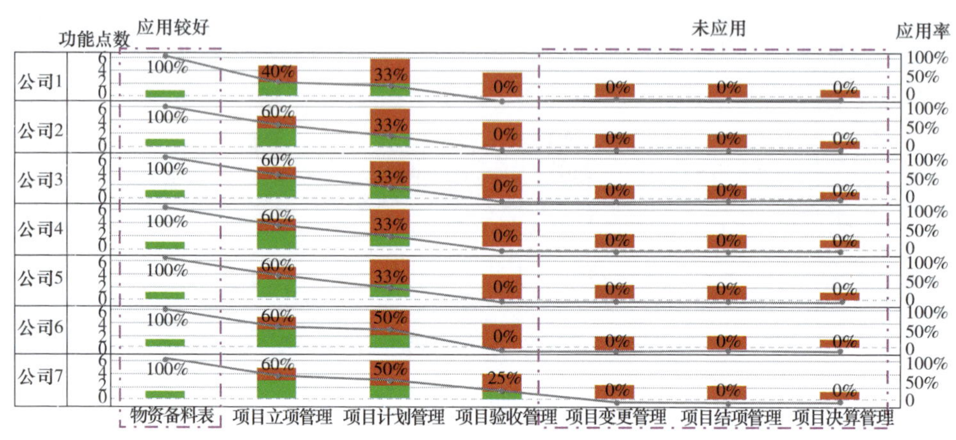

图 5-8 各集体企业 NC 系统项目过程管理功能应用情况图

3. 项目合同管理模块各功能点应用情况

项目合同管理模块共 7 个功能模块、21 个功能点，整体应用水平不高。其中，应用了清单发包合同、施工承包合同功能模块；费用结算、合同材料结算、内部委托等功能模块均未应用，如图 5-9 所示。

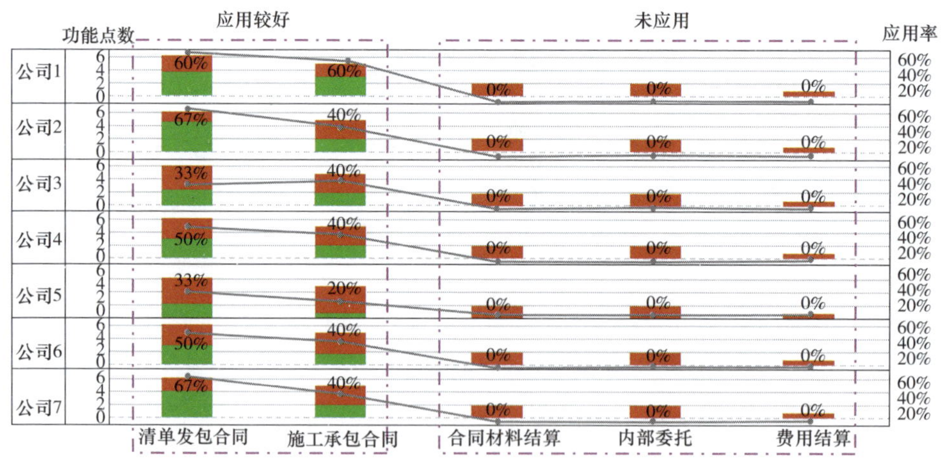

图 5-9 各集体企业 NC 系统项目合同管理功能应用情况图

4. 库存管理模块各功能点应用情况

库存管理模块共 9 个功能模块、60 个功能点，整体应用较差。其中，入库业务、出库业务、库存调整功能模块已应用，但应用率较低；储备分析、供应商寄存管理、预留等 3 个功能模块未应用，如图 5-10 所示。

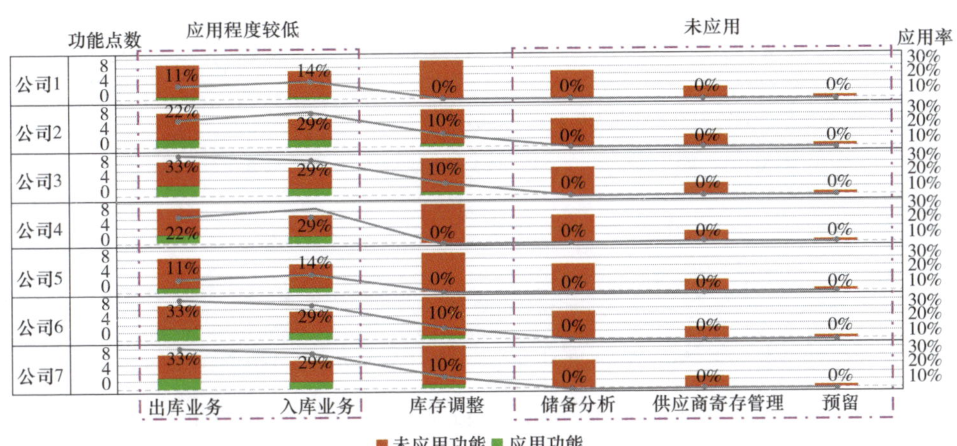

图 5-10 各集体企业 NC 系统库存管理功能应用情况图

5. 项目质量管理模块功能点应用情况

NC 系统项目质量管理模块共 4 个功能模块、9 个功能点，除公司 6 应用过质检计划功能模块一次，其他各单位、各模块均未应用，整体应用情况较差，如图 5-11 所示。

分析建议：

（1）加强 NC 系统应用，各集体企业要全面应用 NC 系统项目、合同、物资、质量控制等管理功能，加强应用各模块功能，全面实现线上管控。

（2）各业务部门 / 单位要按照信息化管理要求，延伸专业管理加强对集体企业信息化应用管理的指导。

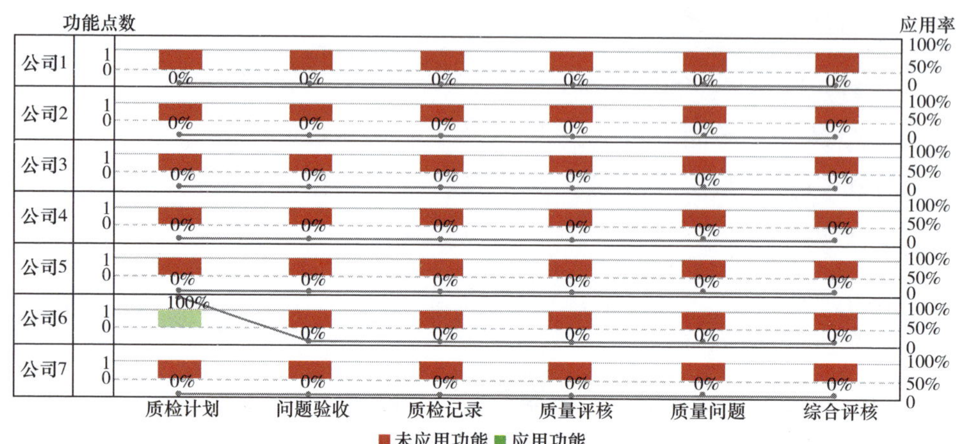

图 5-11　各集体企业 NC 系统项目质量管理功能应用情况图

五、集体企业 NC 系统应用成效

为进一步提升集体企业管理质量，对所属某集体企业 NC 系统应用成效、2018 年承揽工程实施进度、两个方面进行了监测分析，具体如下：

公司所属施工类集体企业整体录入率 98.29%，其中，公司 1、公司 2、公司 3、公司 4 录入率 100%；公司 7、公司 6、公司 5 分别存在 14 个、3 个、2 个项目未创建，如图 5-12 所示。

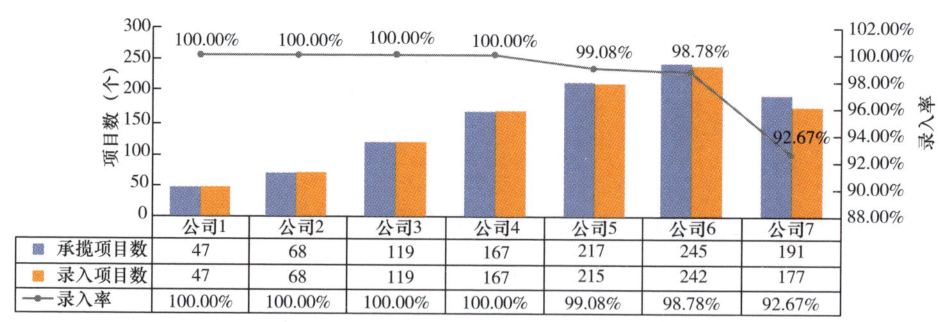

	公司1	公司2	公司3	公司4	公司5	公司6	公司7
承揽项目数	47	68	119	167	217	245	191
录入项目数	47	68	119	167	215	242	177
录入率	100.00%	100.00%	100.00%	100.00%	99.08%	98.78%	92.67%

图 5-12　某集体企业 2018 年项目录入情况图

在已创建的系统内项目中，NC 系统中 710 个项目已经签订合同，合同签订率为 67.3%。其中，公司 1、公司 2 承揽项目合同签订率 100%；其他公司合同签订较少或合同签订公司未线上正确应用（见图 5-13），建议以上公司认真组织进行合同签订和合同签订模块应用。

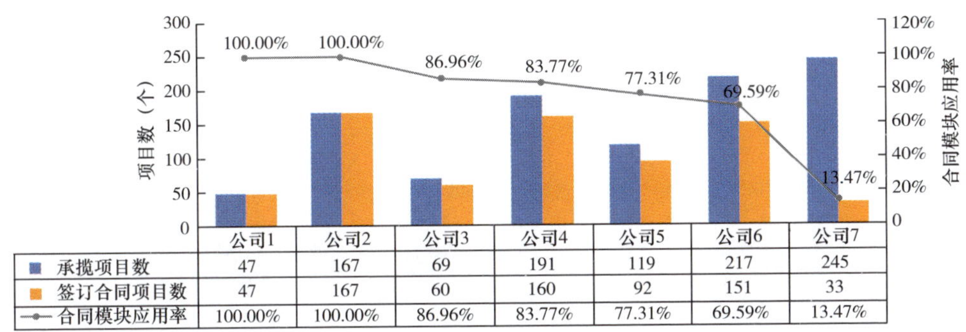

	公司1	公司2	公司3	公司4	公司5	公司6	公司7
承揽项目数	47	167	69	191	119	217	245
签订合同项目数	47	167	60	160	92	151	33
合同模块应用率	100.00%	100.00%	86.96%	83.77%	77.31%	69.59%	13.47%

图 5-13　2018 年承揽主业项目 NC 系统合同模块应用情况图

已创建的系统内项目中，物资管理模块应用率 27.39%，其中，公司 1、公司 2 物资模块应用率达到 54.49%、47.93%，相对较高；其他公司物资模块应用率相对较低，均低于 20%，如图 5-14 所示。

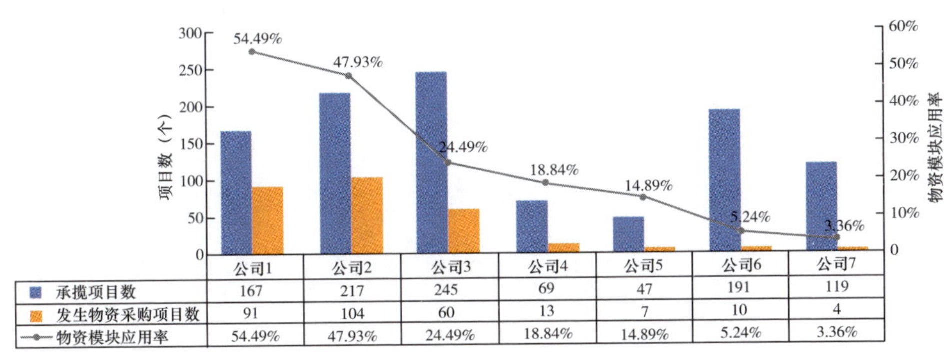

	公司1	公司2	公司3	公司4	公司5	公司6	公司7
承揽项目数	167	217	245	69	47	191	119
发生物资采购项目数	91	104	60	13	7	10	4
物资模块应用率	54.49%	47.93%	24.49%	18.84%	14.89%	5.24%	3.36%

图 5-14　2018 年承揽主业项目 NC 系统物资模块应用情况图

存在问题及建议：各集体企业需全面应用 NC 系统项目、合同、物资管理功能，全面完善 2018 年度项目缺失信息，实现项目管理、物资管理功能全面线上应用，为做优做强打好基础。

第六章

环境保护相关监测

电力大数据不仅可以应用在企业管理提升和基层单位工作改进的方面，而且，可以通过电力大数据来赋能当前环境保护工作，实现对重点排污企业、潜在偷排企业、潜在高排污企业、污染行业总体状态的实时监测，有效解决环境监管工作量大、监管难等问题。

◆ 第一节　概述

近年来，国家经济发展进入新常态，环境保护成为经济发展的重要前提。国家的环境保护事业主要体现在对大气污染、水污染、土壤污染以及城市化过程中带来的其他污染的治理。然而，环境管控涉及的行业、企业众多，目前污染防治在线监控存在设备投入多、资金投入大、建设周期长等问题。环境监测覆盖范围需进一步扩大，监测技术手段有待进一步提升。

从企业生产实际出发，受环境管控的企业在正常生产与管控时，企业产能及用电量呈现不同特点。因此利用电力大数据服务环境治理工作，监测区域环境情况成为可行，以此为政府实时监控企业限产和停产，整治企业运行状态，研判企业对环境政策的响应程度提供重要决策支撑。

◆ 第二节　分析视角、主题及数据采集

一、分析视角及主题

以电力公司的营销业务应用数据、用电信息采集系统数据、企业自行监测数据以及其他企业地理信息数据、商务数据为基础，通过数据清洗、关联匹配以及基础分析。完成环保重点监管行业企业概况及分布分析、监管行业企业用电监测及生产状态评估、监管行业企业环境治理响应度研判等三项主题分析。

1. 监管行业企业概况及分布分析

利用限产和停产整治企业的地址信息及地理信息数据，通过 AGgis 等工具，定位整治监管企业地区。对限产和停产整治企业的行业分布、区域分布做基础扫描，从区域上定位监管企业范围、区域大小等。

2. 监管行业企业用电监测及生产状态评估

利用行业企业产能数据、行业企业用电数据，分析行业企业不同月份、不同时段、不同生产状态下的度电产能参数。利用行业企业度电产能参数，构建监管企业用电监测模型，识别在不同用电量情况下，此企业生产运行状态。

3. 监管行业企业环境保护指令响应度研判

基于企业用电量和环境管控指令的相关数据，构建包含环境指令响应时长、环境指令响应深度的响应模型，以此监测环境监管企业对环境政策的响应程度，提供针对性监管意见。

4. 重点企业用电规律特征分析

通过用电数据，分析整治监管行业企业正常生产状态、管控状态下的用电情况。通过历史用电数据，分析历史未管控时期，即正常生产状态下各类型特征的企业年度、季度、月度、日度用电规律特征，包括负荷、用电量等。

二、数据采集

需采集的数据包括内部数据和外部数据。

1. 内部数据

内部数据包括整治监管企业 SG 186 系统数据和整治监管企业用电采集系统数据。

整治监管企业 SG 186 系统数据包括各月度用户编号、用电信息、所属行业类别、用电量、所属台区、台区容量等数据。

整治监管企业用电采集系统数据包括每日各时段用电负荷数据等。

2. 外部数据

外部数据包括生态环境状况公报、限产和停产整治企业行业清单、环保管控指令等。

另外，重点企业自行监测数据有限产和停产整治企业地理信息数据、工商注册数据、经营状态数据。

◆ 第三节　监测分析实例

【案例 1】正常生产状态用电规律特征分析

通过分析某地所有正常排污企业 2020 年 7 月 1 日 ~7 月 31 日负荷特征。掌握整体排污企业正常生产状态下，负荷特征曲线较为稳定，负荷一定时间内波动较小，且周期性突出，如图 6-1 所示。

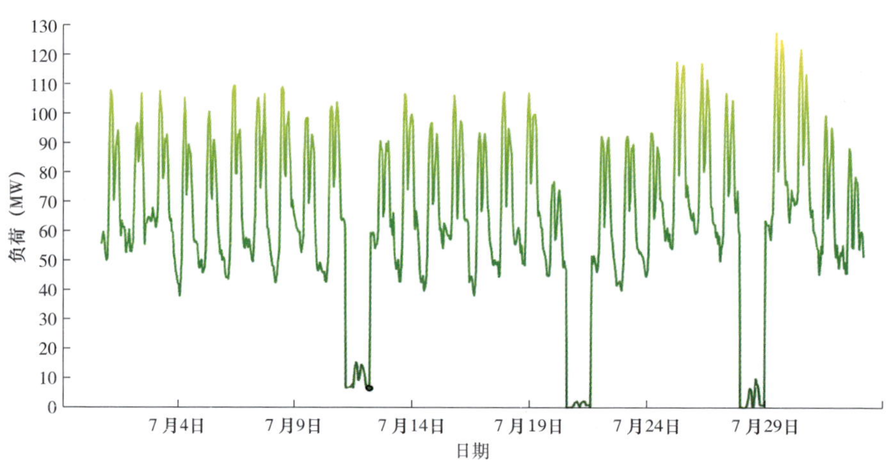

图 6-1　正常生产状态用电规律

通过对正常企业生产负荷特性时序进行归类处理，得到排污正常且企业 24h 负荷的时序特征图，正常排污企业的用电高峰为早 8 ~12 点，下午 14 ~17 点，如图 6-2 所示。

【案例 2】潜在偷排企业识别及规律特征分析

潜在偷排企业是指不在常规时间进行生产经营的企业，其负荷特征表现为整体用电较高，且夜间用电高于白天，通过对企业负荷特征及行业属性分析，确定潜在偷排特征参数选择如下：

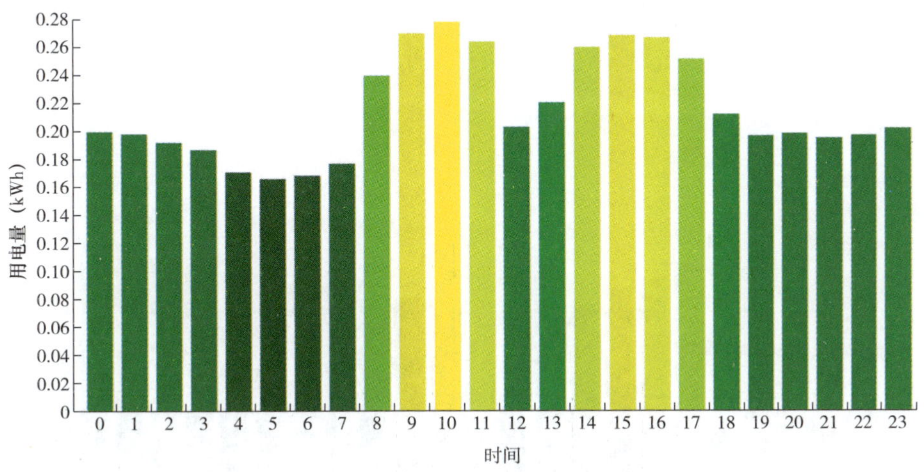

图 6–2　正常生产状态用电时序特征图

（1）行业分类：属于火电、钢铁、水泥、电解铝、煤炭、冶金、化工、石化、建材、造纸、纺织、制革和采矿业等污染行业之一。

（2）用电行为：日总用电量 > 阈值 1（暂时取 500kWh）；夜间用电量 / 日总用电量 >70%。

通过对排污企业偷排特征参数进行处理后，识别出潜在偷排可能性企业，并对潜在偷排企业负荷特征进行数据画像，与正常排污企业相比，其整体负荷特性曲线参差不齐，呈明显的周期特性，如图 6–3 所示。

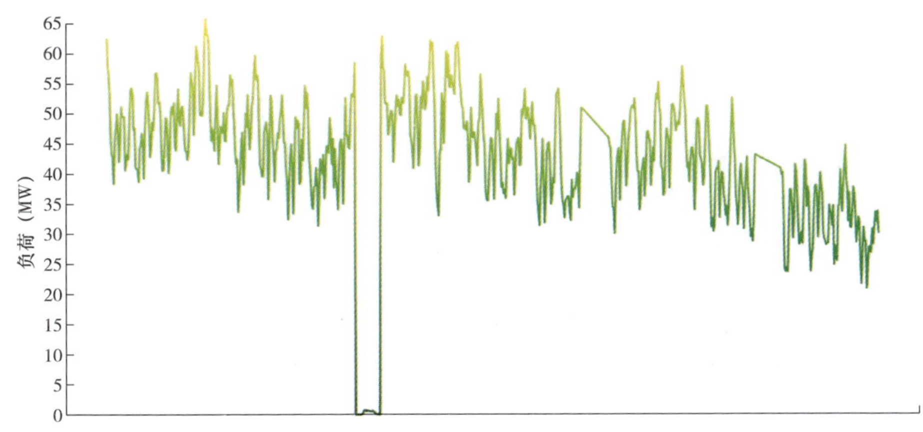

图 6–3　潜在偷排企业负荷特性曲线

通过对此类企业日度负荷特征时序分析发现，此类企业用电高峰集中于当日 23 点至凌晨 3 点，与正常生产作息时间相悖，如图 6–4 所示。

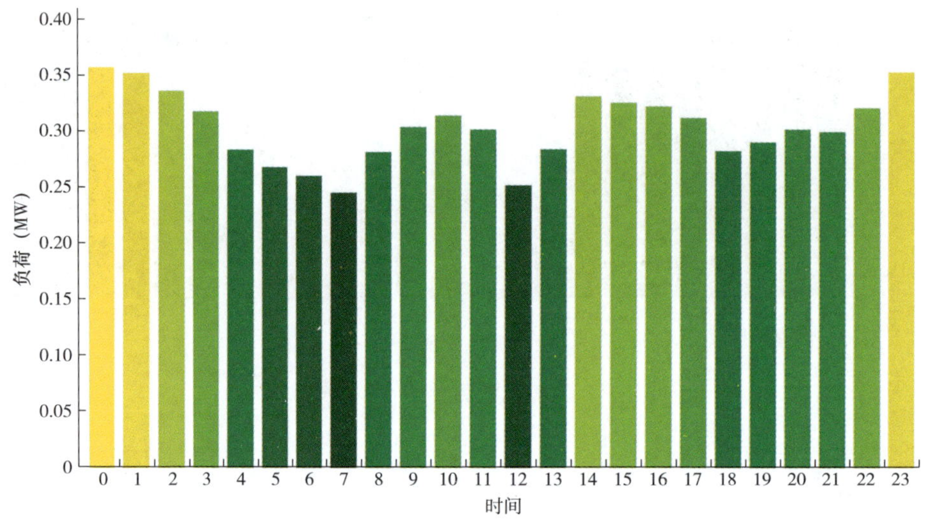

图 6–4　潜在偷排企业负荷分布

以某粮油公司为例，其日负荷周期较强，但生产用电时序主要集中在晚 22 点至凌晨 4 点（见图 6–5 和图 6–6），排除企业倒负荷的情况下，可以列入潜在偷排企业清单。

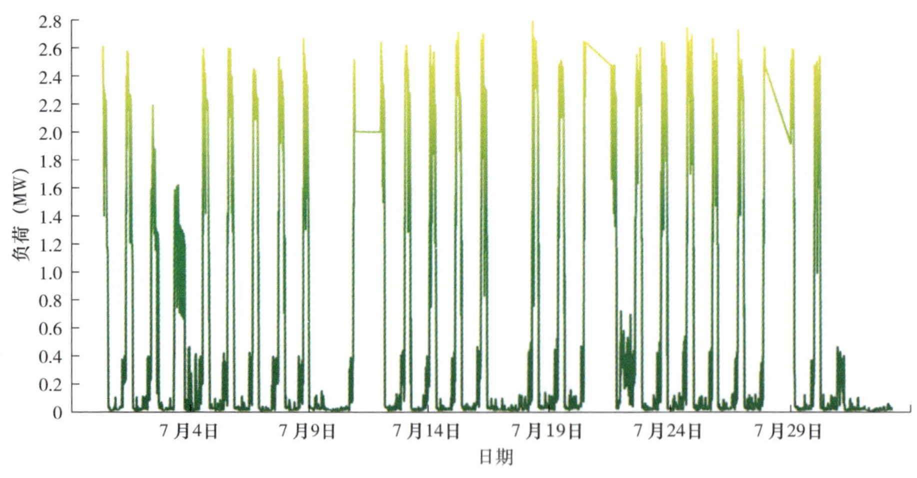

图 6–5　某粮油企业日度负荷时序

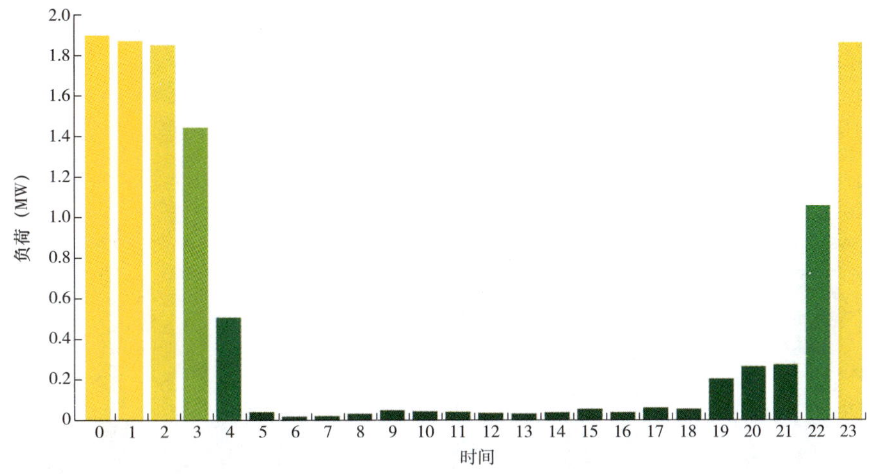

图 6-6　某粮油企业负荷分布

对监测分析发现的潜在偷排企业进行行业分类统计，可以发现潜在偷排企业主要分布于塑料板、管、型材制造、铸造及其他金属制品制造、结构性金属制品制造等制造型企业，其中塑料板、管、型材制造企业潜在偷排企业达到 10 家，占总数的 38.5%（见图 6-7）。

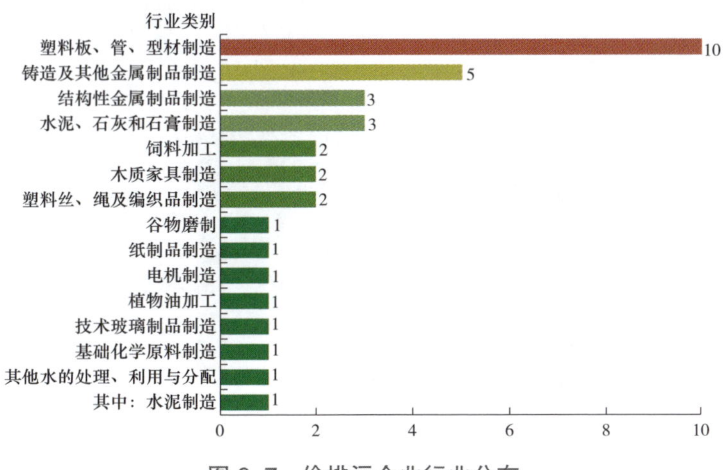

图 6-7　偷排污企业行业分布

【案例 3】污染行业类别监测

（1）各地市不同污染行业的企业数量监测。从不同污染行业企业数量分布情况来看，污染企业数量分布最多的行业是制造业，最少的是电力、燃气及水的生产和供应业，见图 6–8。

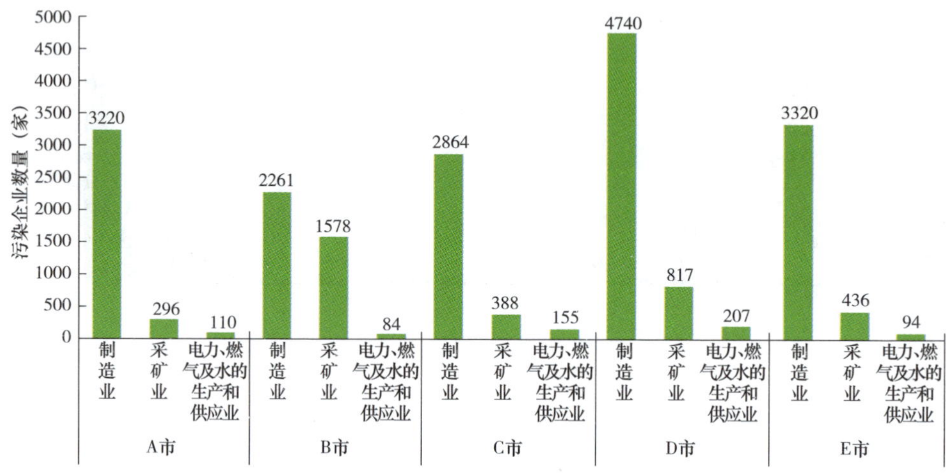

图 6–8　不同污染行业企业数量区域分布

（2）各地市不同污染行业的企业密度监测。根据不同污染行业企业密度分析，图 6–9 中的 5 个城市的制造业企业密度最高，采矿业次之，电力、燃

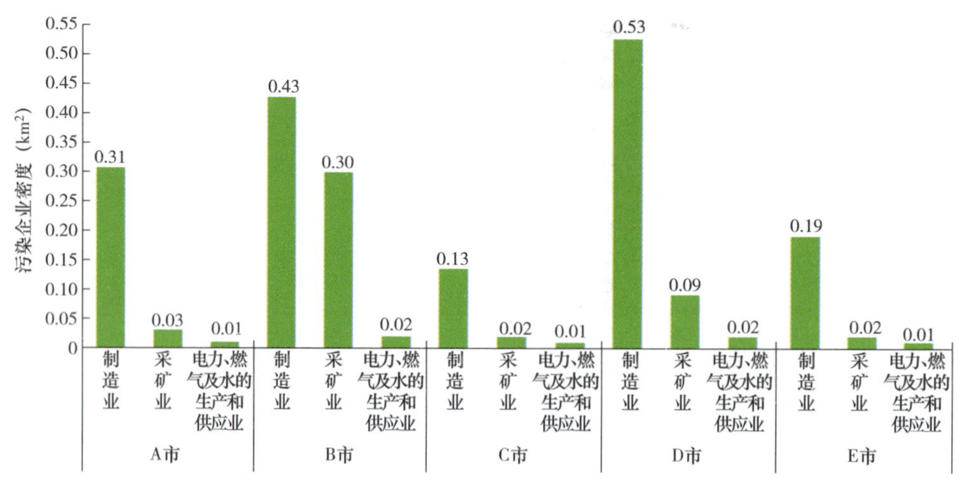

图 6–9　不同污染行业企业密度区域分布

气及水的生产和供应业的企业密度最低。其中，E 市的制造业密度高达 0.53 家 /km^2，需引起重点关注。

（3）各地市不同污染行业的合同容量密度监测。从不同污染企业的合同容量密度分析（见图 6–10）来看，制造业的合同容量密度最高，采矿业次之，电力、燃气及水的生产和供应业的合同容量密度最低。其中制造业合同容量密度最高的是 B 市（0.07kW/km^2），最低的是固原市（0.01kW/km^2）。

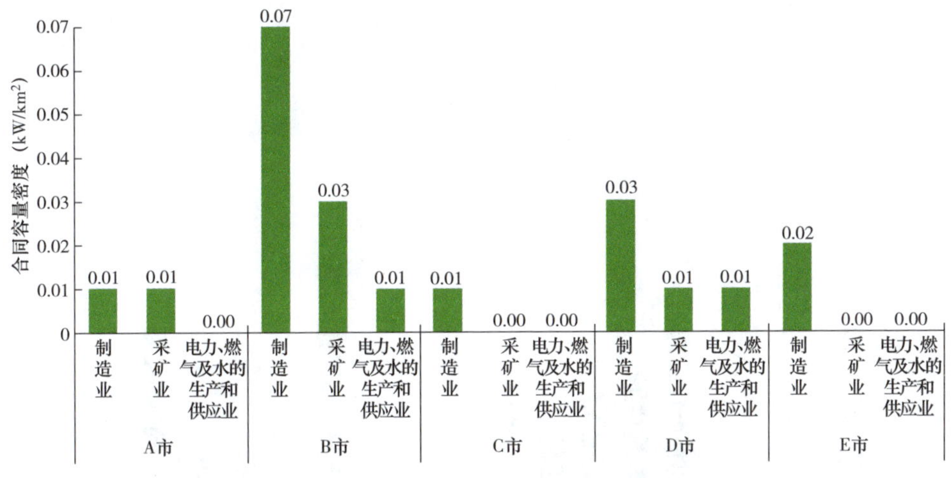

图 6–10　不同污染行业合同容量密度区域分布

（4）各地市不同污染行业的用电量密度监测。从不同污染行业的用电密度分析（见图 6–11）来看，制造业用电量密度最大，采矿业次之，电力、燃气及水的生产和供应业最低。其中制造业用电量密度最大的地区是 B 市（1.19 kW/km^2），最小的地区是 C 市（0.21kW/km^2）。

【案例 4】排污类别监测

根据不同排污类别的企业监测，按照废水、废气、废渣、噪声四大污染分类，分别统计各类别下的行业属性及企业数量。

（1）各地市不同排污类别的企业数量监测。根据不同排污类别企业数量分布（见图 6–12）分析，图 6–12 中的 5 个城市中，排放废水的污染企业数

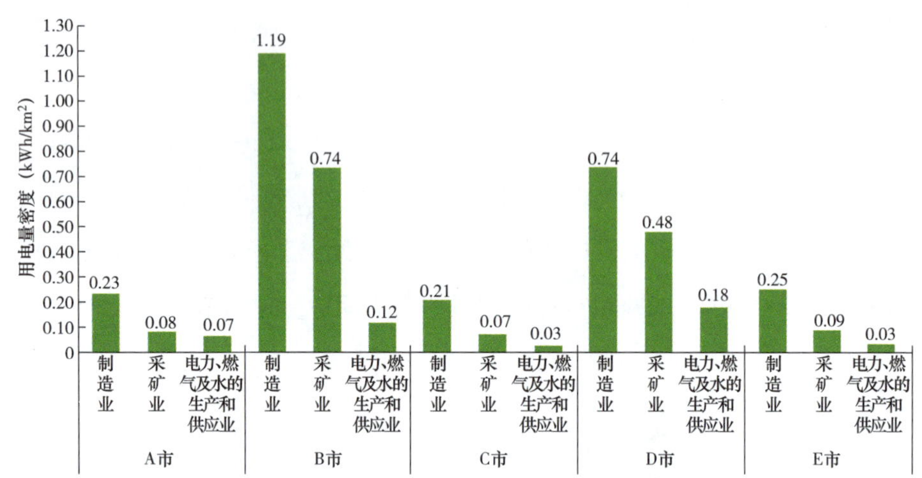

图 6-11　不同污染行业用电量密度区域分布

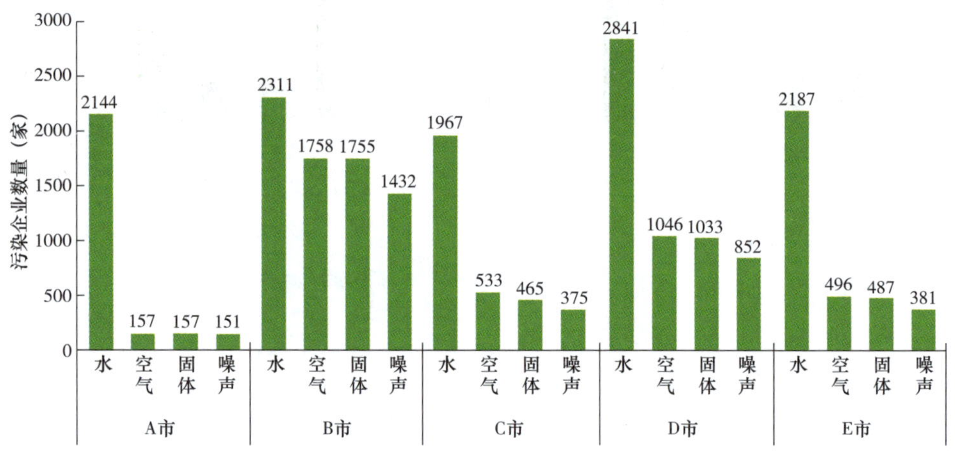

图 6-12　不同排污类别企业数量区域分布

量最多，废气次之，噪声污染的企业数量最少。总体上 D 市污染企业数量最多，A 市最少。其中，D 市排放废水的污染企业数量最多，高达 2841 家。

（2）各地市不同排污类别的企业密度监测。从不同排污类别的企业密度分析（见图 6–13）来看，废水污染的企业密度最高，其中 D 市最高（0.44 家 /km^2），吴忠市最低（0.09 家 /km^2）；5 个城市中，噪声污染的企业密度最低，

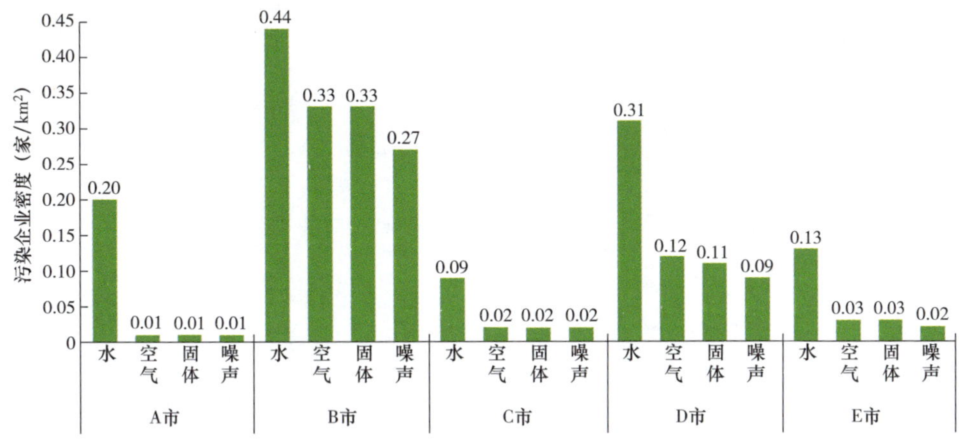

图 6–13 不同排污类别企业密度区域分布

基本保持在 0.02 家 /km² 以下。

（3）各地市不同排污类别的用电量密度监测。根据不同污染类别的用电量密度（见图 6–14）分析，废水、废气、废渣污染的用电量密度较高，噪声污染的用电量密度最低；B 市和 D 市的废水、废弃、废渣污染的用电量密度远高于其他地区；用电量密度均较低的地区是 A 市，废弃、废水、废渣、噪声污染的用电量密度均在 0.21×10^6kWh/km² 左右。

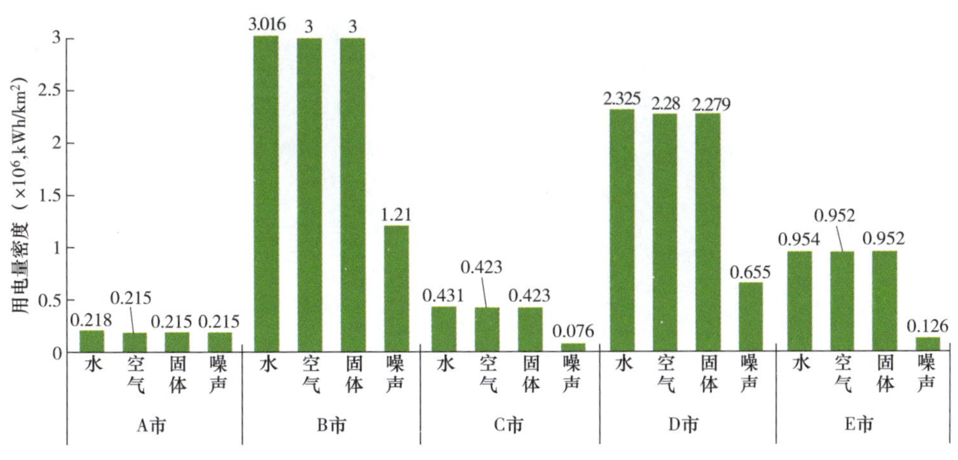

图 6–14 不同排污类别用电量密度区域分布

第七章

其他辅助分析方法及案例

大数据分析是指运用适当的统计分析方法对收集来的大量数据进行分析，数据满足数量大、速度快、种类多、价值低、真实性高等特点，并通过数据分析、数据挖掘深度提取有用信息和形成结论而对数据加以详细研究和概括总结的过程。下文结合具体案例介绍大数据分析技术。

◆ 第一节　大数据分析技术简介

大数据分析是指运用适当的统计分析方法对收集来的大量数据进行分析，数据满足数量大、速度快、种类多、价值低、真实性高等特点，并通过数据分析、数据挖掘深度提取有用信息和形成结论而对数据加以详细研究和概括总结的过程。下文结合具体案例介绍大数据分析技术。

【案例】基于大数据分析的车辆全生命周期监测分析

本方法已初步建设完成覆盖车辆从计划到采购、申请及运行、监控及预警、保养及维护、处置及报废全过程、全业务管理系统。但在实际业务开展中发现车辆管理过程存在“缺乏统一规划和指导、图像功能不丰富、监管主题缺乏深度、业务支撑力度不足、数据质量低”等问题，特别是在数据规范性方面，需要进一步改进提升，以满足当前车辆信息规范性要求。在充分考虑进一步规范车辆管理和制度标准一体化的基础上，结合运检部、后勤部车辆管理新要求以及后期业务发展新趋势，有必要开展基于全业务统一数据中心的统一车辆监测，通过车辆基础信息监测、用车规范性监测、派车规范性监测及车辆费用监测四个监测模块，实现健全车辆管理全覆盖、运行全过程的车辆全生命周期管理体系，强化车辆业务监测，提高车辆管理和业务监测水平，提升公司集约化管理水平。

当前车辆管理存在以下问题：

（1）地图长久未更新，地理信息错误。现有地图更新较慢，大量道路、位置信息不准确，给监测管理带来难度。

（2）监测需求增加，GIS 信息处理能力不足。现有车辆统一管理平台停车区域、跨区域告警等功能尚不完善，难以深层次监控车辆运行。

（3）缺乏非结构化数据处理方法。多源业务数据整合难度大，特别是坐标点信息与车辆行驶轨迹截图等非结构化数据处理难度大。

（4）采集数据体量大，数据处理实时要求高。车辆派车、用车及轨迹数据信息量大，对实时及离线计算要求高。

改进思路和目标：

当前主要问题为，缺乏一个有效的监测平台来解决各个业务系统间的“数据壁垒”“地图更新和地理信息错误”“难以深层次监测停车区域和跨区警告”“坐标点信息与车辆行驶轨迹截图等非结构化数据处理难度大”“采集数据体量大和数据处理实时及离线要求高”等难题，并需要实现车辆数据的常态、实时、便捷性监测展示。

本方法为解决车辆监测管理难题，依托统一车辆管理系统、大数据分析平台，利用分布式数据存储与计算技术、数据清洗转换技术路线、大数据分析挖掘技术、数据分析模型构建、数据可视化等技术，依托全域统一、规范化模型完成多业务数据整合，本地模型设计，车辆基础信息监测、用车规范性监测、派车规范性监测、车辆费用监测等四大主题监测及其固化工作及基于大数据分析的车辆全生命周期监测分析，提升车辆监测工作效率，加强车辆调度管理、运行费用管理，强化车辆异动问题的整改力度。

1. 实现方式

为满足车辆等监测的数据分析及展示，开发了大数据分析平台，通过集成融合数据资源与计算功能、内置丰富灵活多样的展现图表，打造简单、易用、友好的人机交互体验，实现从数据接入、数据准备、数据分析与可视化、成果管理的数据一站式开发功能，帮助工作人员快速高效的完成数据分析、数据应用开发、增强用户分析过程的交互体验、不断降低数据分析门槛、提升数据分析效率、真正实现用数据说话，全面提升公司的商业洞察能力。

（1）视觉交互。业务分析场景可视化需具备丰富的视觉交互探索功能，能提供钻取、联动、缩放、筛选、链接功能，各级功能交互明显、视觉交互灵动。

（2）图形丰富。业务分析场景可视化需具备丰富图形支持，除常规图形外，需支持自定义扩展图形元素，提升分析场景表达形式。

（3）数据源支撑。业务分析场景需满足多类型数据源接入，需支持 Oracle、SG-RDB、GBASE-8a 等关系型数据库，HIVE、HBASE 等大数据库，各类接口数据，文本文件等。

（4）多终端访问。分析场景结果需支持多终端成果访问，包括 PC、大屏、移动端进行成果的访问与查看。

（5）共享协作机制。场景分析过程依据角色、工作组、部门机构等概念需提供组织内协作分析、灵活共享，如图 7-1 所示。

图 7-1　共享协作机制图

2. 关键技术

大数据分析平台实现了数据的数据挖掘、可视化分析、展示发布，利用多项关键技术。

（1）ETL 技术。数据采集 ETL（Extract、Transform、Load）是指使用数据采集工具，将业务系统数据库中的业务数据，根据用户的业务分析规则，经过抽取、转换的处理后加载到数据仓库的数据库表中的过程。

（2）OLAP 分析、数据挖掘技术。切片、钻取、旋转等多种传统 OLAP 分析功能；并且提供成员选择、自定义计算值、排序、同期 / 前期比、明细数据透视等多种强大和灵活的分析能力，为用户决策分析提供强大灵活的支持。用户可通过不同分析维度的灵活组合对某个分析主题进行不同角度、不同层次的分析，精确地掌握业务状况及发展趋势，探测问题的根源所在。

（3）准实时数据同步。数据中心的业务明细数据，整合后需要达到准实时（至少小于 0.5h），这就要求数据中心 ETL 过程采用准实时同步技术。常用准实时数据同步技术包括基于数据库复制的准实时同步技术、基于磁盘的数据同步技术、基于应用的数据同步技术、基于文件的数据同步技术。IBM 将根据某一业务系统情况、同步时间要求，综合各种技术的优缺点、实施成本，采用合适的数据同步技术，达到准实时数据同步。

3. 数据模型建设

车辆监测平台将统一车辆管理平台、全业务统一数据中心以及 GIS 信息数据整合，实现“跨系统，跨业务”的大数据分析。充分利用全业务统一数据中心基础架构，及以全域模型完成数据整合存储，结合公司大数据平台数据计算组件，构建该示范应用数据分析模型（见图 7-2），完成数据的离线和

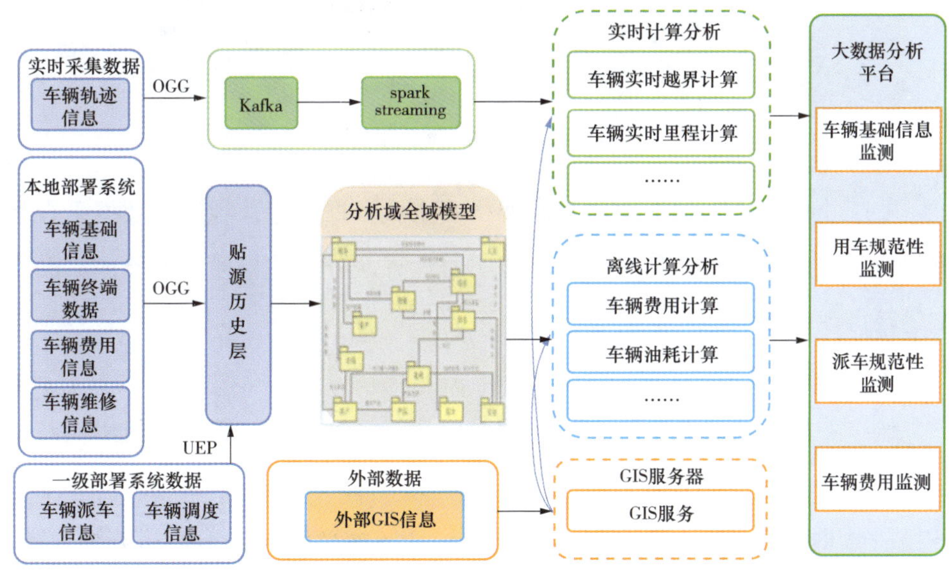

图 7-2　数据模型架构图

在线实时计算，以达到不同的展示效果。

（1）实时计算。基于 kafka 分布式集群，通过 spark streaming 实时计算框架，对实时采集的车辆轨迹信息进行计算处理，完成车辆行驶里程、车辆越界等实时计算。

（2）离线计算。通过 OGG 将本地部署和一级部署数据通过 OGG、UEP 方式抽取到贴源历史层（基础数据层），在此基础上，通过 ETL 将数据流转到数据仓库并开展统一车辆物理模型建设，利用 python 数据分析完成各类车辆数据信息的离线计算。

（3）GIS 数据计算。通过 GIS 服务与 python 结合，完成车辆行驶里程、定点停放等离线计算，如图 7–3 所示。

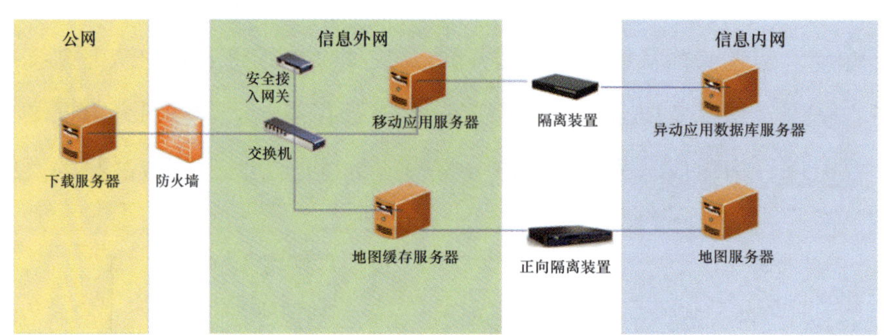

图 7–3　GIS 数据计算架构图

基于全业务统一数据中心基础架构及全域数据模型，利用大数据平台数据计算组件，实现数据的离线和在线实时计算，分析结果通过大屏或桌面终端进行可视化展示。

4. 示范应用

统一车辆监测示范应用包括数据层、全域模型层、计算层、应用层及展现层（见图 7–4）。数据层包括统一车辆管理平台（一级及二级部署）、全业务统一数据中心以及 GIS 信息数据整合；全域模型层包含车辆相关综合域、资产域、财务域及物资域等四个模型域；计算层依托大数据平台完成里程、停车距离、跨区轨迹及费用计算；应用层及展现层依托大数据分析平台完成监测主题展示和固化。

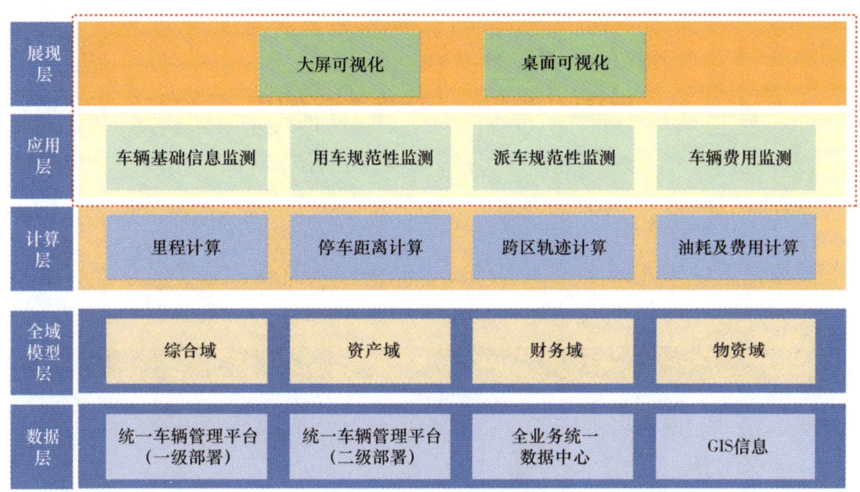

图 7–4　统一车辆监测架构图

根据公司监测需求，车辆监测平台（见图 7–5）目前共设计 4 个二级功能点、16 个三级功能点，涵盖车辆台账管理、派车管理、用车管理、行车监测四个方面，针对不同应用场景，实现数据计算准实时、异动监测定制化。在分析场景中将结果数据信息转化为图形的视觉信息，提升数据可读性，以

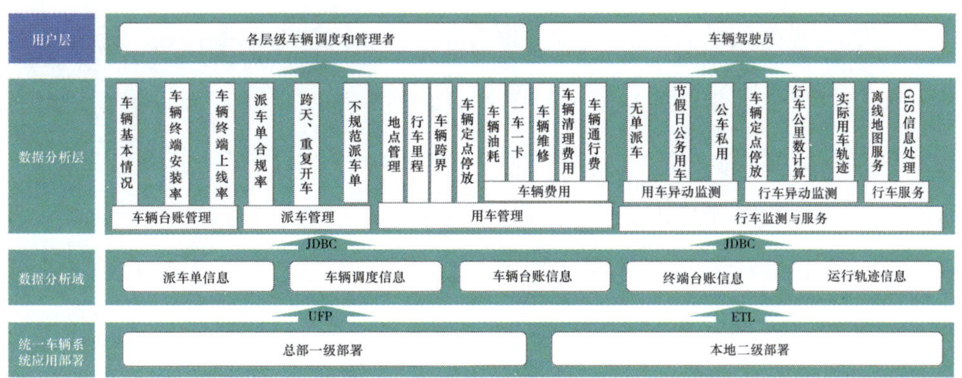

图 7–5　车辆平台架构图

交互式的可视化结果来钻取底层明细数据，发现造成异动数据的更深层次原因，实现了分角度、分层次对车辆进行监测。

车辆总体情况分析包括对车辆基本情况、车辆分布情况、车辆终端安装率、车辆终端上线率等情况的监测分析。

（1）车辆分布统计监测。为了实时掌握车辆总体运行情况，更好地对车辆进行管理，构建车辆分布统计监测分析场景（见图 7–6）。通过该监测分析场景，查看公司各单位公务用车、生产用车数量，以及不同类型的车辆数和不同使用年限的车辆数，该场景能便于公司各单位车辆管理及监测人员实时掌握车辆情况。

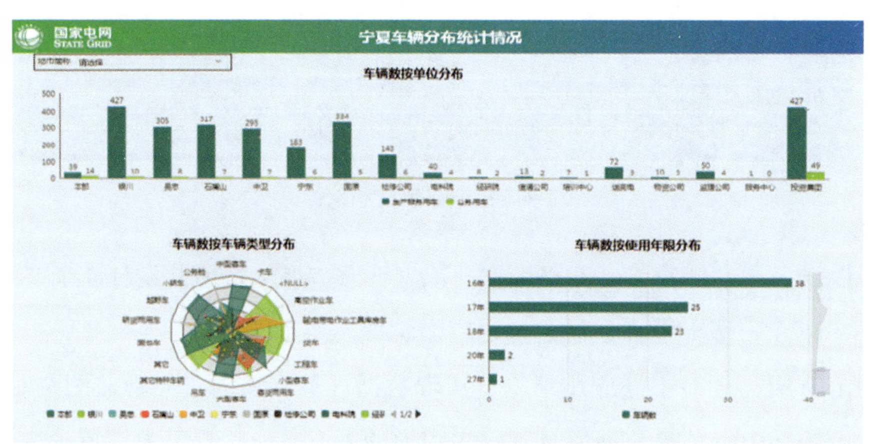

图 7–6　车辆分布统计情况图

（2）车辆终端安装率和上线率监测。车辆运行情况监测主要依托于车载 GPS 终端安装及正常上线情况，为了实时监测各单位车辆 GPS 终端安装与上线存在的异动情况，构建了车辆 GPS 终端安装率和上线率的监测分析场景。通过该监测分析场景实时查看公司各级单位车辆终端安装情况和上线使用情况，反映车辆终端是否全部安装并能正常上线运行，能够及时监测和下发车辆终端安装及使用异动情况。通过以上监测，促进了车辆终端全覆盖，更好地对车辆进行全方位管理。

（3）派车单规范性监测。基于车辆基础信息和车载终端安装与上线监测的基础上，为了使公司派车更加规范化，进一步提升车辆管理水平，构建了派车单规范性监测分析场景。该场景针对公司各级单位车辆派车单用车类型与车辆基础信息中用车类型不一致的情况，同一车辆派车单重复派车情况，跨天派车情况开展监测。使各单位车辆管理人员及时发现派车单不规范异动，促进公司规范派车。派车单规范性监测如图 7–7 所示。

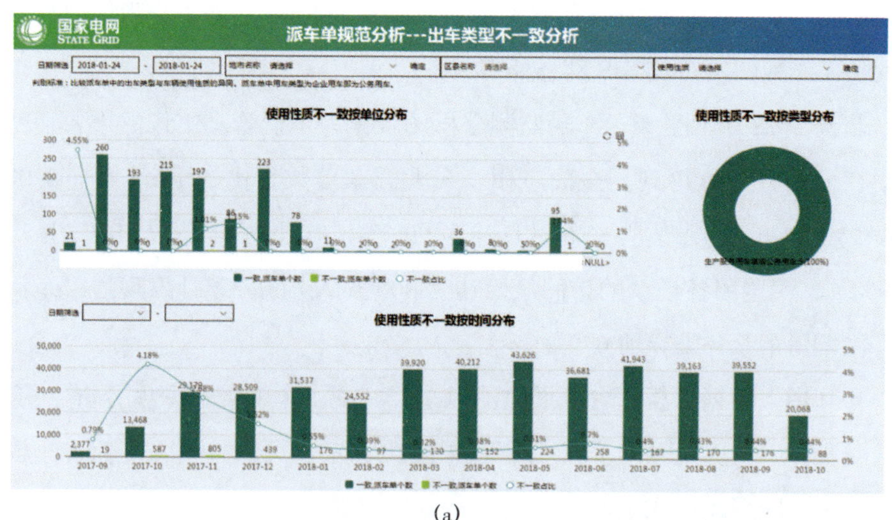

(a)

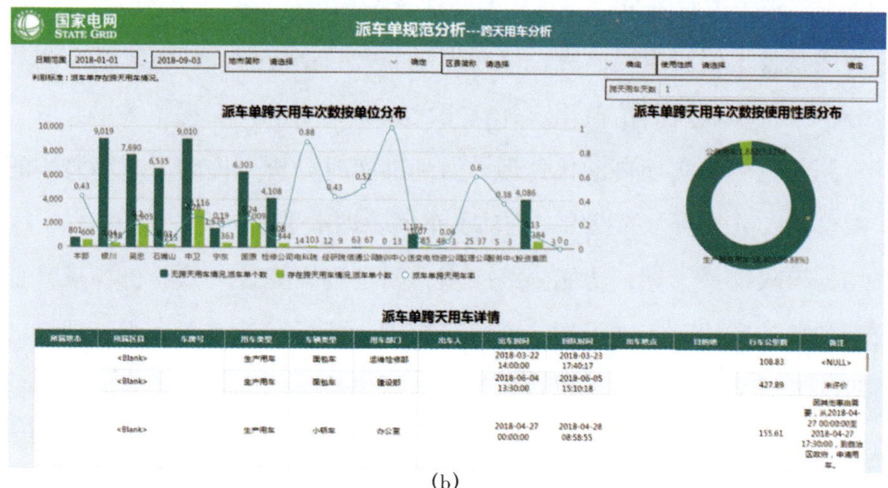

(b)

图 7–7　派车单规范性监测图

（a）出车类型不一致分析；（b）跨天用车分析

5. 使用效果

（1）促进车辆管理水平有效提升。本方法已经完成关键技术研究及应用，包括分布式数据存储与计算技术、数据清洗转换技术路线、大数据分析挖掘技术、数据分析模型构建、数据可视化，形成了车辆全生命周期监测分析平台，已经在宁夏电力公司部署应用，用户包括公司所有车辆及车辆管理人员，实现了辖区全域车辆的基础信息监测、车辆运行监测、异动监测定制与整改下发、离线地图发布及GIS信息处理服务。

截至2018年上半年，车辆监测分析场景作为车辆管理工作的重要辅助工具，在公司各单位得到了全面应用。线上派车单数量由3019份上升329827份，线上派单合规率从30.6%上升为99.6%，线上派车率从0.2%上升至99.9%。车辆监测各场景的访问量已达18000多人/次，累计发现通报车辆档案、派车用车等各类异动679项。

自利用大数据分析平台开展监测以来，实现了车辆数据深度分析、挖掘，在大量数据计算过程中，监测分析成果输出稳定、可靠，进一步促进车辆管理规范化，减少运行成本。

（2）实现了大数据分析与车辆监测的紧密结合。结合车辆监测实际情况，积极开展新技术创新应用研究，依托先进的大数据应用，强化车辆监测数据后台分析，将车辆监测精益化。并利用大数据应用平台实现了数据获取、数据计算到场景更新实现自动化处理，做到准实时分析，提高了车辆监测的效率，减少了人员劳动力的投入，推动了车辆管理水平的提升。

（3）权限统一管理，功能分级应用，问题逐级管控。该分析场景已全面在公司各单位应用，实现了省、市两级应用，依托场景实现省级管理部门监督管理，省级部门、市级单位自查整改。提供按单位、字段、时间、角色等进行权限控制，严格把控场景权限控制，按照各监测主题实际权限控制需求，完成分级、分模块、分内容权限控制，实现了各级单位分级应用，自主监测分析，问题逐级管控，保证数据访问安全。

◆ 第二节　Tableau 数据分析简介

Tableau 作为桌面系统中最简单的智能工具软件，不需要用户编写“自定义”代码，新的控制台可以完全自定义配置。在控制台上不仅能够监测信息，还能提供完整的分析能力，并开展基于 Tableau 数据分析改进配电网故障停电管理。

一、实施背景

随着电力网在线监控技术不断发展，配网自动化系统实现了对重点城市区域的电网监控功能，但对于城郊、乡镇、广大农村地区，10kV 分支停电、公配变跌落保险熔断、公配变故障、低压侧故障等，在主动发现故障、低压电网运维质量管理方面还存在薄弱环节，主流还是用户故障报修电话反馈后，派出抢修人员进行处理。此外对配电网故障频度、范围、停电规律、可靠性趋势分析等还缺乏有效的数据支持，存在故障停电瞒报、漏报，管理要求落实无评价依据等情况。

随着用电信息采集和智能电能表的广泛应用，已经实现了对用户、配电变压器、关口电量信息数据的全采集。通过用电信息采集系统获取的公用配电变压器电压等运行数据和采集终端停上电事件，制定数据挖掘方法及模型，依据大数据分析配（农）网停电事件及规律，判断配电网发生故障的范围和过程，解决省公司层面对配网停电范围、过程等信息获取不准确等问题，减少配网故障信息瞒报漏报，为提升供电可靠性提供新的管理手段和方法。同时对停电过程、事件进行分析，为减少停电次数、揭示管理问题提供方法和手段。

二、主要做法

按照“电网数据以运检侧为准，客户数据以营销侧为准”的原则，厘清“台区→分支线路→线路”在运检、营销专业之间的设备映射关系，将生产系统中的配电网拓扑连接关系转换为互相关联的停电关联关系，收集用电信息采集系统设备停电信息，设定停电关联判定规则，构建监测模型，实现“台区→分支线路→线路”全覆盖的配电网停电精确监测与精准定位。通过分析成果的发布、协调控制任务书的流转，促进安质部、运检部、营销部在停电信息透视、停电工作安排、频繁停电管控、薄弱环节分析、数据质量管理等方面加强工作管控，实现对省、市、县（含市区）、供电所层级的精益管理，发挥了较好的业务运作成效。配电网停电监测工作管理流程如图 7–8 所示。

针对配（农）网分布点多面广、分散，运维监控手段不足等现状，需要进一步转变电网运维观念，利用信息化手段、“大数据”技术进行数据挖掘与分析，主动适应当前竞争形势、巩固竞争优势，实现我国“获得电力”指标持续提升。

三、设计思路

通过获取用电信息采集终端设备记录的停电事件、上电事件和电能表记录的电压、电流等信息，配合电网 GIS 系统拓扑模型、单线图，实现对电网停电的定位、故障推演、影响范围、频度的分析。通过 Python 语言开发数据分析程序固化分析模型，可以快捷实现故障过程、范围推演展现，为管理创新提供技术手段。

（1）公配变停电事件判定模型。公用配电变压器停电时，采集终端在三相输入电压低于额定电压 60% 并持续 1min 时，会记录停电事件并记录发生时间。在终端输入电压恢复，高于额定电压 80% 时，记录终端复电事件。同时电能表在公配变停电时，每 15min 对三相电压的采集也是空值。在对

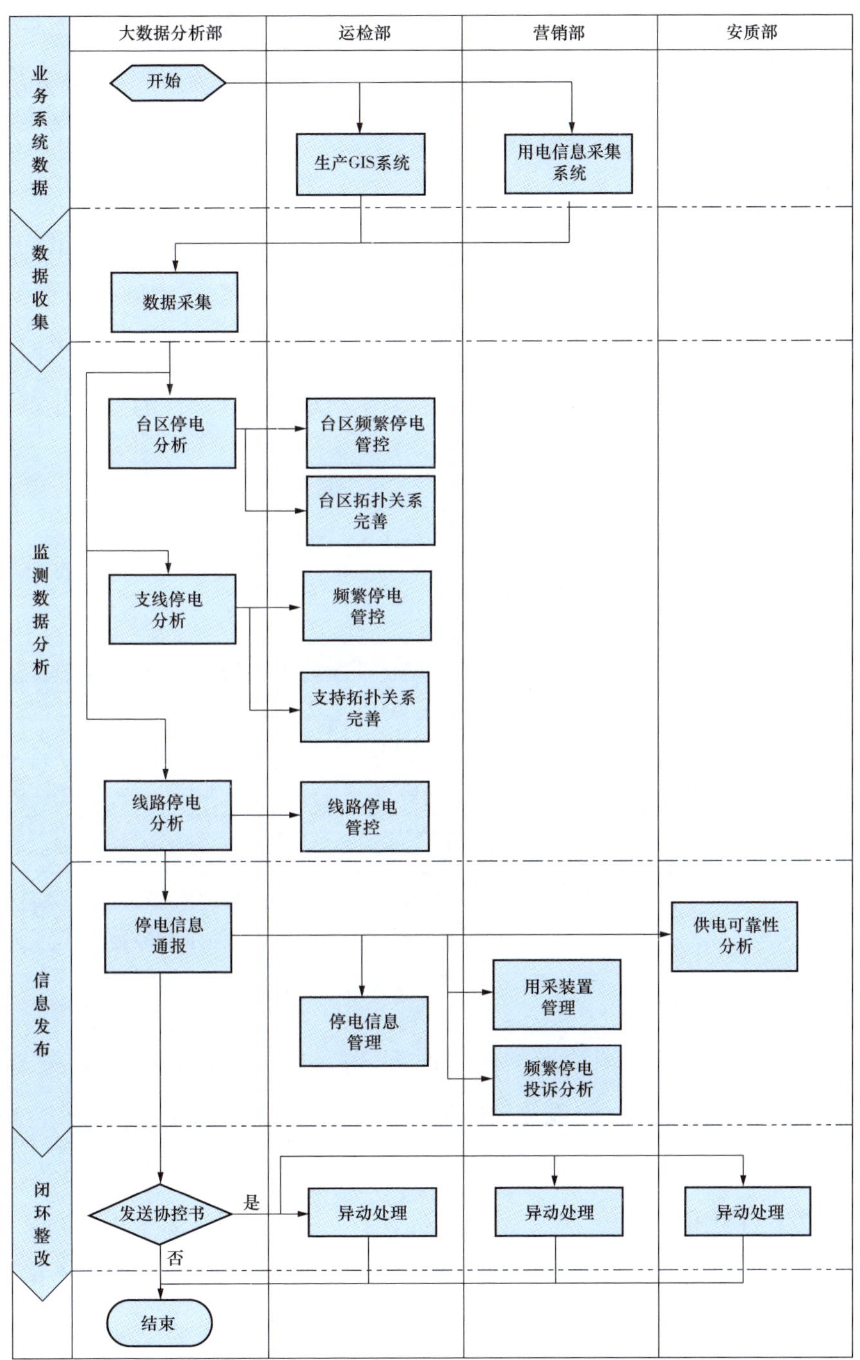

图 7–8　配电网停电监测工作管理流程图

2017~2018 年 82.53 万条采集终端停上电事件分析后，发现由于终端电池老化、外部干扰、设备质量等因素影响，停上电事件存在不准确、不完整等现象，完整率达到 66%。表计电压数据也存在采集失败导致的数据缺失，准确率达到 98.6%。

采集终端和电能表作为两个独立的设备，采集终端停复电事件准确度至少为 65%，表计电压数据准确度也至少为 95%，对公配变实际停电的判定，通过同时匹配判断终端停复电事件发生时间与电能表记录的电压缺失时间的对应关系，将能够进一步过滤掉不可信数据，实现停电事件的准确生成，如图 7–9 所示。

事件采集时间	事件发生时间	停电时间	复电时间
2017-10-20 18:07:45	2017-10-20 8:51:00	2017-10-20 8:51:00	2017-10-20 18:04:00

0:00	0:15	0:30	0:45	1:00	1:15	1:30	1:45	2:00	2:15	2:30	2:45
237.8	237.1	238.0	237.6	237.4	237.0	236.7	237.7	236.5	237.7	236.3	238.1
3:00	3:15	3:30	3:45	4:00	4:15	4:30	4:45	5:00	5:15	5:30	5:45
238.7	237.5	237.7	237.4	237.2	237.9	238.7	238.9	238.5	238.7	237.7	236.8
6:00	6:15	6:30	6:45	7:00	7:15	7:30	7:45	8:00	8:15	8:30	8:45
237.3	238:5	237.2	237.8	237.2	237.2	236.3	235.2	237.9	238	238.1	238.5
9:00	9:15	9:30	9:45	10:00	10:15	10:30	10:45	11:00	11:15	11:30	11:45
12:00	12:15	12:30	12:45	13:00	13:15	13:30	13:45	14:00	14:15	14:30	14:45
15:00	15:15	15:30	15:45	16:00	16:15	16:30	16:45	17:00	17:15	17:30	17:45
18:00	18:15	18:30	18:45	19:00	19:15	19:30	19:45	20:00	20:15	20:30	20:45
	234.9	233.7	234.9	235.3	235.3	237	237.5	237.8	237.6	237.4	237.4
21:00	21:15	21:30	21:45	22:00	22:15	22:30	22:45	23:00	23:15	23:30	23:45
237.8	238.1	237.7	238.2	238.3	236.7	237.7	236.7	236.9	236.8	237	237.3

图 7–9　公配变停电事件判定图

如图 7–9 所示，终端记录的停电时间 8：51 与电能表记录的 9：00 开始无电压数据匹配一致，终端复电时间 18：04 与电能表电压数据 18：15 开始又采集到电压匹配一致，可以判定该配电变压器 2017 年 10 月 20 日 8：51~18：04 发生了停电。

（2）10kV 分支线路停电判定模型。10kV 线路同一时间内公配变停电数量低于该线路所带公配变总数的 50%，且至少 2 个及以上公配变发生停电事件时间差异在 5min 内，结合该线路走径图分析，如停电公配变同属一个分支线，即判定为该分支开关跳闸，分支线路停电，如图 7–10 所示。

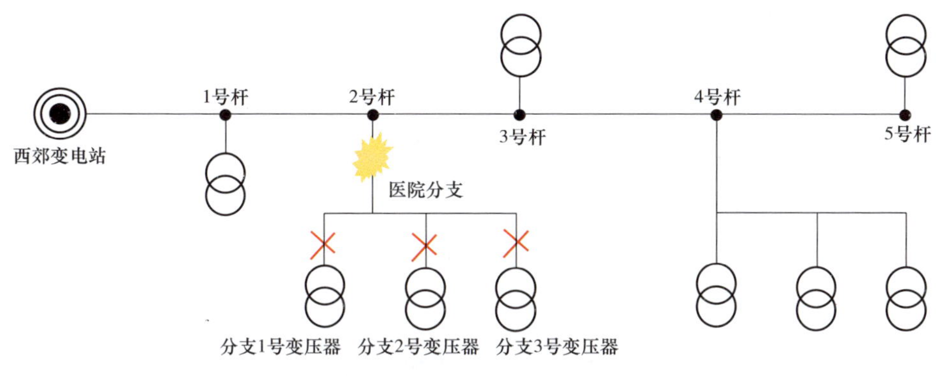

图 7–10　10kV 分支线路停电判定图

如图 7–10 所示，医院分支 1 号变压器、医院分支 2 号变压器、医院分支 3 号变压器发生停电事件，通过 GIS 系统线路图形拓扑关系，可以判定医院分支发生了停电。

（3）10kV 线路主干停电判定模型。同一时间内公配变停电数量达到该线路所带公配变总数量的 50%，同时该线路变电站出口侧关口表计电流为零时间与公配变停电事件发生时间相匹配，即判定为主干线停电，如图 7–11 所示。

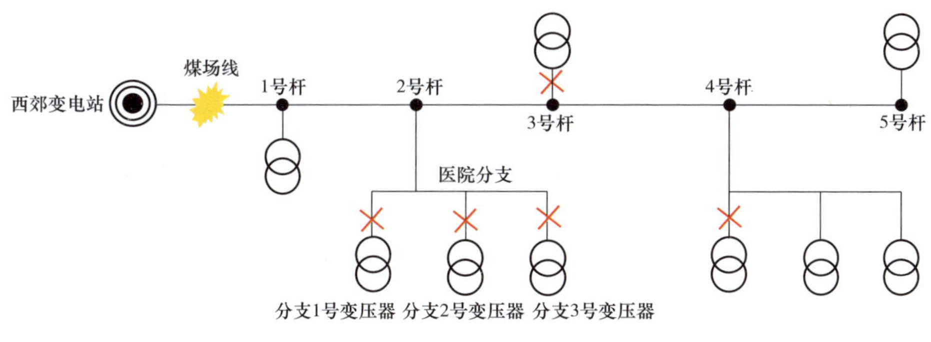

图 7–11　10kV 线路主干停电判定图

（4）频繁停电判定模型。统计月周期内主干线路或分支线路停电次数大于 2 次，判定为线路频繁停电。在统计周期内公配变停电事件时长超过 2h 同时停电次数大于等于 3 次，判定为公变公配变频繁停电。

四、应用模型验证停电分析案例

春节期间电网工程停工，全部为故障停电，是对分析模型最好的验证时段。在 2018 年春节后，选择春节期间数据，对个别敏感数据进行脱密处理，不影响分析方法逻辑验证，经验证分析模型，实现了对故障过程的还原。

（1）停电事件匹配。本方法选取 2018 年 2 月 13~21 日 9 天时间，2 万余台公配变产生的 1800 余条终端停复电事件和 80 余万条 96 点表计电压数据进行分析。经分析匹配排除无效事件，共匹配生成终端停电事件 982 条，停电事件分布如图 7–12 所示。

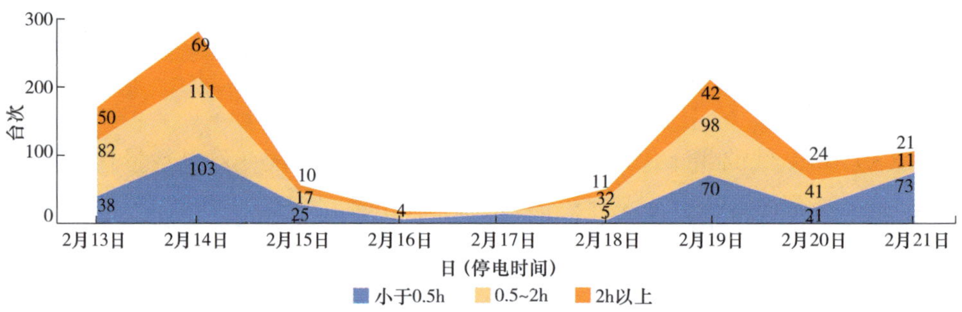

图 7–12　2018 年春节停电时间按日分布图

春节期间超过 1h 的停电事件主要发生在 2 月 14 日和 2 月 19 日。小于 1h 停电事件较多，停电事件平均停电时长 29min。

（2）公配变停电。通过对春节期间 982 条公配变停电事件按公变名称进行唯一性匹配，停电事件涉及公配变 704 台，其中停电 2h 以上的 216 台，频繁停电的 12 台。对停电 2h 以上的公配变进行逐一核查，停电事件准确率达到 100%。按公变停电时间归类，所有公配变只有 1 台与其他公变时间无一致性，核实原因是由于变压器故障导致停电，其余均为线路跳闸、分支故障引起的陪停，如图 7–13 所示。

停电次数	公配变名称	停电时间	复电时间	停电时长（h）
1	高崖五队西公变	2018-02-14 0:36:00	2018-02-14 12:36:00	12

0:00	0:15	0:30	0:45	1:00	1:15	1:30	1:45	2:00	2:15	2:30	2:45
228.4	229.6	348.4									
3:00	3:15	3:30	3:45	4:00	4:15	4:30	4:45	5:00	5:15	5:30	5:45
6:00	6:15	6:30	6:45	7:00	7:15	7:30	7:45	8:00	8:15	8:30	8:45
9:00	9:15	9:30	9:45	10:00	10:15	10:30	10:45	11:00	11:15	11:30	11:45
12:00	12:15	12:30	12:45	13:00	13:15	13:30	13:45	14:00	14:15	14:30	14:45
		28.3	235.2	236.3	237.2	239.7	239.2	236.6	238.6	238.2	238.8
15:00	15:15	15:30	15:45	16:00	16:15	16:30	16:45	17:00	17:15	17:30	17:45
240.9	236.7	238.8	238.6	240.2	238.1	237.4	238.4	237.3	237.9	236.5	237.1
18:00	18:15	18:30	18:45	19:00	19:15	19:30	19:45	20:00	20:15	20:30	20:45
239	243.9	241.9	243.1	244.5	242.2	240.7	244.4	238.8	241.4	239.2	238.5
21:00	21:15	21:30	21:45	22:00	22:15	22:30	22:45	23:00	23:15	23:30	23:45
239.1	238	239.2	238.9	239.2	239.9	240.1	239.9	241.8	240.6	240.8	240.6

图 7–13　公配变停电图

【案例】如图 7–13 所示，终端停电事件与表计电压空值发生时间完全匹配对应，生成停电事件完整。经核实 2 月 14 日，某线高崖五队西公配变 2018 年 2 月 14 日 0：30 电压异常，2018 年 2 月 14 日 12：30 电压恢复，桩头打火紧急停电进行了处理。通过采集电压数据核查，如图 7–14 所示，发生故障时 C 相电压为 32.3V，A、B 两相电压升高，符合变压器 C 相接地特征。

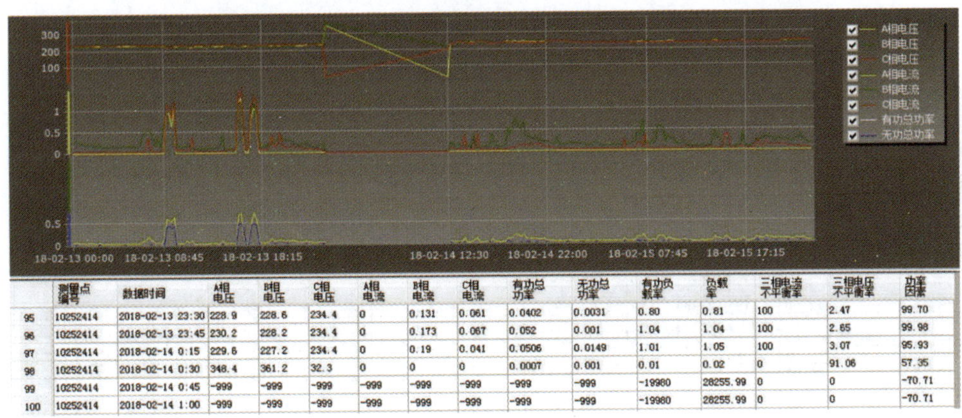

	测量点编号	数据时间	A相电压	B相电压	C相电压	A相电流	B相电流	C相电流	有功总功率	无功总功率	有功负载率	负载率	三相电流不平衡率	三相电压不平衡率	功率因素
95	10252414	2018-02-13 23:30	228.9	228.6	234.4	0	0.131	0.061	0.0402	0.0031	0.80	0.81	100	2.47	99.70
96	10252414	2018-02-13 23:45	230.2	228.2	234.4	0	0.173	0.067	0.052	0.001	1.04	1.04	100	2.65	99.98
97	10252414	2018-02-14 0:15	229.6	227.2	234.4	0	0.19	0.041	0.0506	0.0149	1.01	1.05	100	3.07	95.93
98	10252414	2018-02-14 0:30	348.4	361.2	32.3	0	0	0	0.0007	0.001	0.01	0.02	0	91.06	57.35
99	10252414	2018-02-14 0:45	-999	-999	-999	-999	-999	-999	-999	-999	-19980	28255.99	0	0	-70.71
100	10252414	2018-02-14 1:00	-999	-999	-999	-999	-999	-999	-999	-999	-19980	28255.99	0	0	-70.71

图 7–14　公配变停电图

（3）10kV 分支线路停电。按分支线路停电判断模型，经与 GIS 系统停电位置进行匹配，春节期间共发生 26 起支线停电，准确率 100%，分析发现部分支线存在反复停电现象，如表 7-1 和表 7-2 所示。

表 7-1 10kV 分支线路停电时间统计表

停电次数	公配变名称	停电时间	复电时间	停电时长（h）
（1）	高崖五队东公变	2018-02-14 4:55:00	2018-02-14 5:53:00	0.97
	新城家园 B 区廉租楼 1 号变	2018-02-14 4:56:00	2018-02-14 5:54:00	0.97
	峡口居民点 01 号配变	2018-02-14 4:55:00	2018-02-14 5:53:00	0.97
（2）	高崖五队东公变	2018-02-14 12:00:00	2018-02-14 12:20:00	0.33
	新城家园 B 区廉租楼 1 号变	2018-02-14 12:00:00	2018-02-14 12:21:00	0.35
	峡口居民点 01 号配变	2018-02-14 12:00:00	2018-02-14 12:21:00	0.35
（3）	高崖五队东公变	2018-02-14 13:20:00	2018-02-14 13:45:00	0.42
	新城家园 B 区廉租楼 1 号变	2018-02-14 13:21:00	2018-02-14 13:45:00	0.4
	峡口居民点 01 号配变	2018-02-14 13:22:00	2018-02-14 13:46:00	0.4
（4）	高崖五队东公变	2018-02-14 17:41:00	2018-02-14 18:33:00	0.87
	新城家园 B 区廉租楼 1 号变	2018-02-14 17:41:00	2018-02-14 18:34:00	0.88
	峡口居民点 01 号配变	2018-02-14 17:40:00	2018-02-14 18:33:00	0.88

表 7-2 10kV 分支线路停电表

公配变名称	0:00	0:15	0:30	0:45	1:00	1:15	1:30	1:45	2:00	2:15	2:30	2:45	3:00	3:15	3:30	3:45
高崖五队东公变	226.9	226.8	226.9	227.2	227.2	227.1	227.1	227.3	227.2	227.4	227.4	227.7	227.7	227.6	227.4	227.3
新区家园B区廉租楼1号变	228.9	228.8	229	229.3	229.2	229.1	229.3	229.2	229.4	229.4	229.6	229.5	229.5	229.3	229.1	229.3
峡口居民点01号配变	228.9	228.8	229	229.3	229.2	229.1	229.3	229.2	229.4	229.4	229.6	229.5	229.5	229.3	229.1	229.3
公配变名称	**4:00**	**4:15**	**4:30**	**4:45**	**5:00**	**5:15**	**5:30**	**5:45**	**6:00**	**6:15**	**6:30**	**6:45**	**7:00**	**7:15**	**7:30**	**7:45**
高崖五队东公变	227.5	227.3	227.1	227.2				225.4	226.6	226.9	226.8	226.7	226.6	226.5	226.8	226.3
新区家园B区廉租楼1号变	228.9	228.6	228.6	228.7				228.9	228.9	228.4	228.3	228.3	228.1	228.2	228.4	228.2
峡口居民点01号配变	228.9	228.6	228.6	228.7				228.9	228.9	228.4	228.3	228.3	228.1	228.2	228.4	228.2
公配变名称	**8:00**	**8:15**	**8:30**	**8:45**	**9:00**	**9:15**	**9:30**	**9:45**	**10:00**	**10:15**	**10:30**	**10:45**	**11:00**	**11:15**	**11:30**	**11:45**
高崖五队东公变	226.1	226.3	226.1	225.5	226	224.6	224.8	224.7	223.8	223.1	225.7	224.3	224.5	224.6	225.9	225.4
新区家园B区廉租楼1号变	227.1	228.6	232.6	232.5	231.3	227.9	227.7	227.5	227.3	231.7	230.6	229.5	228	227.9	228	235
峡口居民点01号配变	227.1	228.6	232.6	232.5	231.3	227.9	227.7	227.5	227.3	231.7	230.6	229.5	228	227.9	228	235
公配变名称	**12:00**	**12:15**	**12:30**	**12:45**	**13:00**	**13:15**	**13:30**	**13:45**	**14:00**	**14:15**	**14:30**	**14:45**	**15:00**	**15:15**	**15:30**	**15:45**
高崖五队东公变		225.2	226	225.5	225.4	225.5		225.2	226	226.3	225.7	226.1	226.7	226.6	226.7	226.4
新区家园B区廉租楼1号变		232.7	231.3	231.5	229.3	232.7		232.1	238.9	233.7	231.4	225.8	232.2	230.1	230.4	231.8
峡口居民点01号配变		232.7	231.3	231.5	229.3	232.7		232.1	238.9	233.7	231.4	225.8	232.2	230.1	230.4	231.8
公配变名称	**16:00**	**16:15**	**16:30**	**16:45**	**17:00**	**17:15**	**17:30**	**17:45**	**18:00**	**18:15**	**18:30**	**18:45**	**19:00**	**19:15**	**19:30**	**19:45**
高崖五队东公变	226.4	227	226.8	226.6	225.6	225.7	225.5				225	226.3	225.3	226.5	226.2	225.7
新区家园B区廉租楼1号变	231.8	231.6	227.7	231.8	230.5	231.4	230.8				227.2	228.9	236.5	233.6	229.3	231
峡口居民点01号配变	231.8	231.6	227.7	231.8	230.5	231.4	230.8				227.2	228.9	236.5	233.6	229.3	231
公配变名称	**20:00**	**20:15**	**20:30**	**20:45**	**21:00**	**21:15**	**21:30**	**21:45**	**22:00**	**22:15**	**22:30**	**22:45**	**23:00**	**23:15**	**23:30**	**23:45**
高崖五队东公变	226.2	225.6	225.3	225.4	225.5	226.5	226.3	226.1	225	226.1	226.3	225.7	225.8	225.6	226	226.4
新区家园B区廉租楼1号变	235.6	232.5	228.1	227.5	228.1	229.8	229	228.5	229.8	228.8	228.9	228.7	228.8	228.5	228.3	228.8
峡口居民点01号配变	235.6	232.5	228.1	227.5	228.1	229.8	229	228.5	229.8	228.8	228.9	228.7	228.8	228.5	228.3	228.8

上面的停电事件列表中，3 台公配变停电、复电时间差异在 1min 以内，经与表 4 电压进行匹配，停电事件完全对应。可以认定存在分支停电，经与 GIS 图形、单线图和公配变挂接台账进行关联，上述 3 台公配变同属于某线平湖分支，认定为平湖分支停电（见图 7–15）。

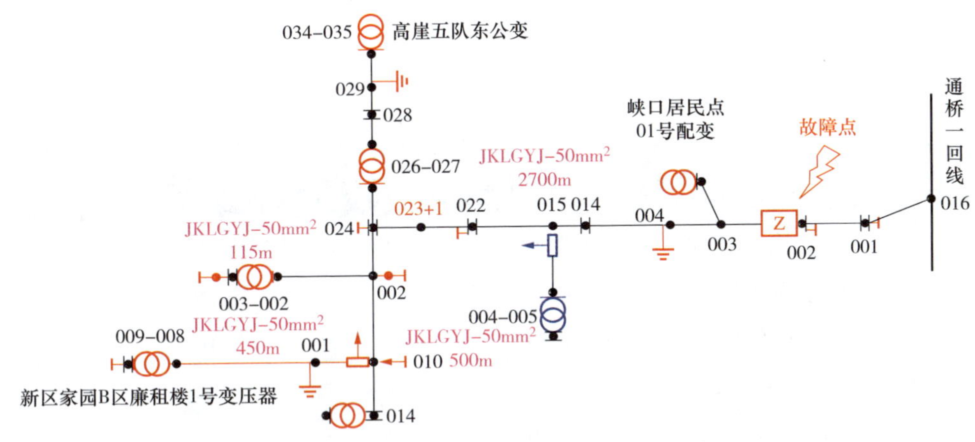

图 7–15　平湖分支停电图

经现场调查核实，平湖分支 2018 年 2 月 14 日 04：45、12：00、13：00 三次发生跳闸，巡检未发现异常恢复供电。17：00 再次跳闸，怀疑平湖 2 号开关本体故障，将平湖 2 号开关连通，再未发生跳闸情况。通过停电事件判断的分支停电完整记录了整个停电的过程和范围，反映出低压电网运维还存在管理薄弱环节。

（4）10kV 线路主干停电。按主干线路停电判断模型，经与关口表计电流进行匹配，春节期间主干线路共发生 22 起停电，判定准确率 100%。按主干线路停电模型验证如表 7–3、表 7–4 和图 7–16 所示。

上面的停电事件列表中，38 台公配变 20 日、21 日存在两批次停电、复电时间差异在 1min 以内的停电事件。经与表 7–3 电压进行匹配，停电事件完全对应，经与关口表计进行关联匹配查询，发现停电事件发生期间关口表计

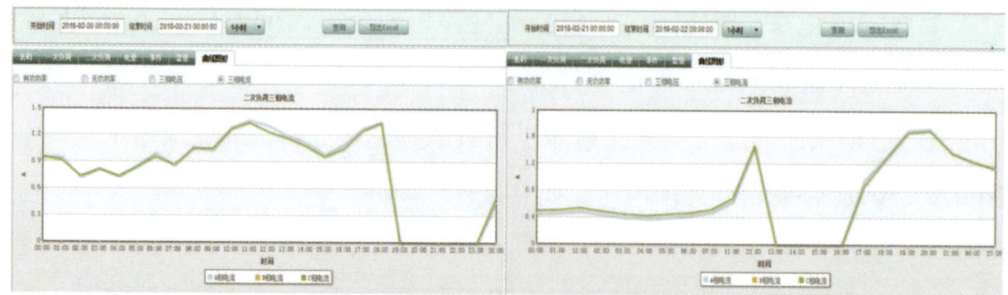

图 7-16　10kV 线路主干停电图

表 7-3　　10kV 线路主干停电统计表

停电次数	公配变名称	停电时间	复电时间	停电时长（h）
（1）	锦城家苑 1 号变间隔配电变压器	2018-02-20 18:46:00	2018-02-21 0:02:00	5.27
	516 新城线西花廉租 2 号变压器	2018-02-20 18:45:00	2018-02-21 0:01:00	5.27
	王洼劳务移民安置区配电变压器	2018-02-20 18:45:00	2018-02-21 0:01:00	5.27
	隆兴商业广场配电变压器	2018-02-20 18:45:00	2018-02-21 0:01:00	5.27
（2）	锦城家苑 1 号变间隔配电变压器	2018-02-21 12:36:00	2018-02-21 16:25:00	3.82
	516 新城线西花廉租 2 号变压器	2018-02-21 12:36:00	2018-02-21 16:25:00	3.82
	王洼劳务移民安置区配电变压器	2018-02-21 12:36:00	2018-02-21 16:25:00	3.82
	隆兴商业广场配电变压器	2018-02-21 12:37:00	2018-02-21 16:28:00	3.85

电流为零，可以认定为台区所属主线新城线停电。

经现场核实，2018 年 2 月 20 日 18 时 40 分，某开关跳闸，巡查发现某小区分支线电缆沟起火导致相间短路。2018 年 2 月 21 日 8 时 35 分，该线再次跳闸，巡查发现故障点为主干线 001 号杆引流线烧断。

五、实现停电监测精益管理

应用用电信息采集的大量明细数据，并利用拓扑关系及业务规则展开监测分析，既反映了配电网停电管理的现状，又对系统停电信息的逻辑性进行校验。

（1）停电信息全面监测。综合应用各系统的配电网停电信息数据，清晰

表 7-4 10kV 线路主干停电明细表

公配变名称	16:00	16:15	16:30	16:45	17:00	17:15	17:30	17:45	18:00	18:15	18:30	18:45	19:00	19:15	19:30	19:45
锦城家苑 1 号变间隔配电变压器	231.5	232.3	231.2	230.5	229.5	228.6	228.7	228.7	228.9	229.1	230.2	230.5				
516 新区线西花廉租 2 号变压器	250.7	251.2	250.5	249.9	249.1	248.4	247.6	247.9	248.3	247.9	248.9	248.7				
王洼劳务移民安置区配电变压器	241.5	241.6	241.1	239.9	239.7	239.3	238.5	238.2	239	238.9	239.6	239.6				
隆兴商业广场配电变压器	237.2	237.2	236.9	235.5	234.8	232.5	232.6	232.4	232.7	233.5	234.3					

公配变名称	20:00	20:15	20:30	20:45	21:00	21:15	21:30	21:45	22:00	22:15	22:30	22:45	23:00	23:15	23:30	23:45
锦城家苑 1 号变间隔配电变压器															122	121
516 新区线西花廉租 2 号变压器																124.2
王洼劳务移民安置区配电变压器																119.1
隆兴商业广场配电变压器																210.3

公配变名称	12:00	12:15	12:30	12:45	13:00	13:15	13:30	13:45	14:00	14:15	14:30	14:45	15:00	15:15	15:30	15:45
锦城家苑 1 号变间隔配电变压器	133.2	119.5	139.9													
516 新区线西花廉租 2 号变压器	213.2	208.3	219.8													
王洼劳务移民安置区配电变压器	225	227.3	224.5													
隆兴商业广场配电变压器	145.9	129.5	149.6													

续表

公配变名称	16:00	16:15	16:30	16:45	17:00	17:15	17:30	17:45	18:00	18:15	18:30	18:45	19:00	19:15	19:30	19:45
锦城家苑 1 号变间隔配电变压器		231.4	231.2	230.8	230.1	228.9	228	229.3	228.5	228.9	229.7	229.9	229.7	229.9	229.6	228.9
516 新区线西花廉租 2 号变压器			236.5	237.2	232.2	232.1	232.5	233	232.1	232.9	233.5	234.4	233.9	235.4	235.2	233.8
王洼劳务移民安置区配电变压器		226.2	225.5	226.6	226.1	225.5	226.1	224.7	224.5	224.8	225.4	225.3	225.5	225.6	225.5	224.8
隆兴商业广场配电变压器			249.8	249.9	249.8	248	247.4	248.6	248.1	248.5	248.9	249.4	249.2	249.2	248.8	248.2
公配变名称	20:00	20:15	20:30	20:45	21:00	21:15	21:30	21:45	22:00	22:15	22:30	22:45	23:00	23:15	23:30	23:45
锦城家苑 1 号变间隔配电变压器	228.1	227.8	226.4	228.9	228.6	228.6	228.7	229.4	229.6	229.5	228.2	228.1	227.3	229.2	229.4	229.7
516 新区线西花廉租 2 号变压器	232.6	231.3	231	234.1	233.4	233.4	233.9	233.3	232.5	232.4	231.2	233	231.7	235.7	234	234.1
王洼劳务移民安置区配电变压器	224.4	223.5	223.8	224.7	224.5	224.7	224.8	225.1	225.6	225.3	224.5	223.4	223.3	226.5	225.1	225.3
隆兴商业广场配电变压器	247.3	247.1	245.9	248	247.7	247.6	247.7	248.7	249.1	248.5	247.7	246.3	247.1	248.5	248.6	249.1

透视线路、分支线和台区的具体停电信息，根据运检部对 10kV 线路、分支线和台区重复停电的定义，自动筛选出频繁停电明细，为相关部门的考核、工作计划安排提供有效数据支撑。通过大数据技术进行加工处理，完整地展现了配网故障发展的过程和抢修执行情况，如表 7–5 所示。

表 7–5　　停电信息全面监测表

序号	分析视角	分析方法
1	停电恢复时长分析	从台区、线路两个维度，分时段对停电数量占比、电网性质（城、农）进行分析
2	停电范围分析	从台区、线路两个维度对单位、停电影响用户数进行分析
3	停电频次分析	从台区、线路、单位三个维度，对停电次数进行排序分析
4	敏感时段分析	从用电高峰期、节假日、特殊保电时段进行台区、线路停电数量分析
5	停电原因分析	对停电原因进行核查后分类进行统计分析，分单位、线路排序
6	停电关联分析	将停电事件结合报修、投诉工单进行关联分析
7	停电趋势分析	从较长时段数据对台区、线路停电的频次进行趋势分析，环比、同比变化情况

（2）停电分类统计。按线路、分支、台区分类统计设备计划停电情况，结合设备故障停电，研判计划停电的合理性，为设备的年、季、月、周停电计划提供参考，提升停电计划安排合理性。

（3）开展薄弱环节诊断。从运维单位、设备名称、线段名称、停电时间、停电性质（计划、故障）、停电原因等角度，监测配电网 10kV 线路及分支线频繁停电情况，深入分析停电点和原因，通过分析停电数据对线路薄弱环节进行诊断，督促解决处理，提高基层运维管理水平。

（4）开展频繁停电预警。利用线路、支线、台区全覆盖的停电信息、停电状况、停电位置信息，按月、季、年发布频繁停电预警，对重复停电的线路、线段、台区发送协调控制任务书，减少设备频繁停电，提高供电可靠性。

（5）加强数据治理。完整、准确的数据是实施配电网停电精准定位、精确监测的基础，建立了日常营配调数据维护机制，以工具实用化为导向，以数据质量评估功能为依托，一手抓明细业务监测，一手加强生产、营销等专业系统中相关基础台账信息维护，明确基础数据维护管理的工作要求，按照源头追溯原则，数据源负责单位必须在数据发生变更时及时完成相应系统的维护，各单位强化数据异动的日常监控，加强数据及时性的考核，确保数据维护和业务处理同步，保障增量数据及时更新。开展设备贯通性普查、拓扑关系合理性检查、线路停电准确性普查、用采装置现场检查等工作，强化数据质量责任机制，结合业务运行常态开展系统数据管理，提升数据质量。

1）提升运监工作机制，实现问题闭环处理。

a. 发布监测分析报告。建立定期通报机制，按周发布停电监测成果，不定期发布专项监测分析报告，及时通报专题监测分析结果。

b. 异动问题协调处理。针对监测过程中发现的异动和问题，以及深入分析后发现的问题进行统一管理，及时派发运监协调控制任务书，跟踪异动问题的处理情况，协调相关部门消除异动、解决问题，评价异动问题的解决成效。

c. 多方会商。对于监测分析中发现的重大问题和共性问题，在研讨会议上，会同各专业部门进行会商，讨论解决措施。

d. 例会通报。在早调会上，通报监测发现的风险、异动和问题，明晰责任界面，提出改进建议，并在决策领导决策批准后，督促改进和实施效果评价，实现分析结果有效落地。

2）固化场景，实现配网停电常态监测。通过技术创新深化停电监测业务，自主开发核查工具，灵活可订制的配置配网停电常态监测主题。通过 Tableau 工具的高级功能，研究明细数据级的多维度动态交互分析。基于配电网拓扑结构，通过监测规则应用、数据搜索定位等功能实现停电信息精确查找和匹配。通过工具的应用，展示“台区→分支线路→线路”的停电情况和关联信息。利用 Tableau 工具交互的、可视化的特点，实现了停电信息的场景展示（见图 7-17）。

台区停电分析

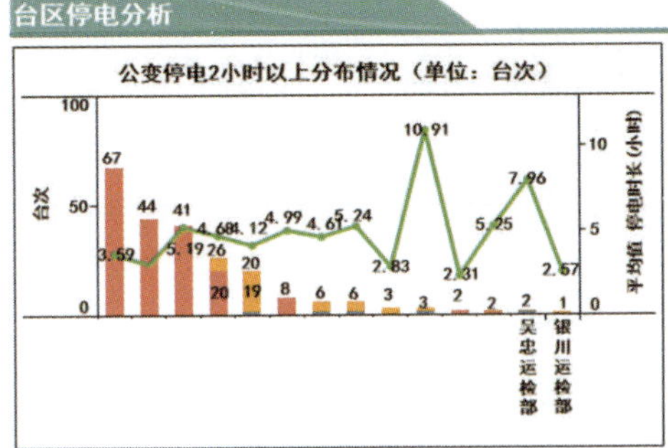

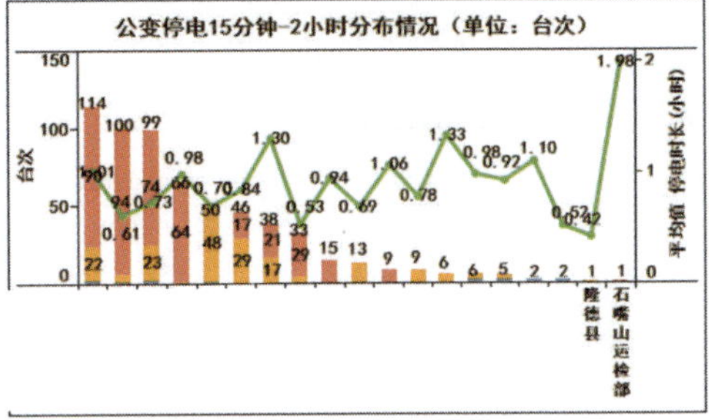

停电时段分析

公变停电24小时时段分布（单位：台次）

银川
吴忠
石嘴山
中卫
宁东
固原

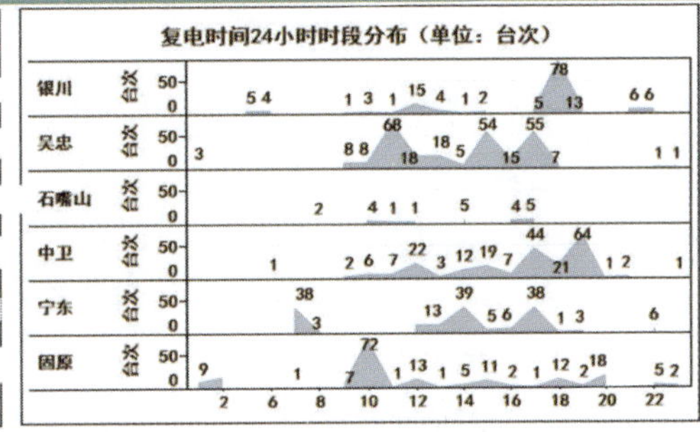

按日停电分析

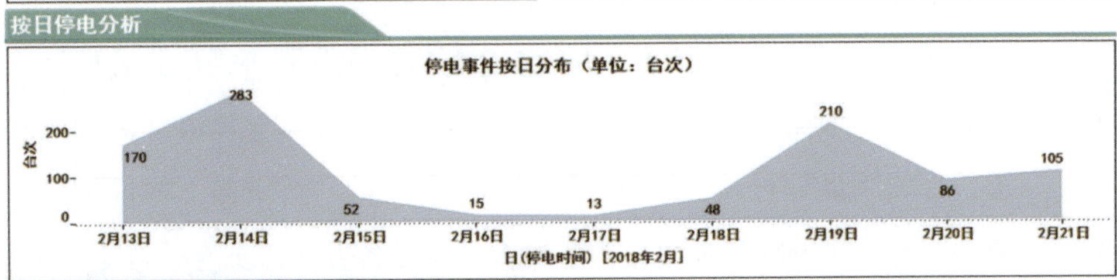

明细查看

用户所在地市..	用户所在区县单位	台区编号	台区名称	停电时间 秒	复电时间 秒	
固原	固原客户服务中心	0200578903	南郊变525试验区线01号公变	2018-02-18 17:26:00	2018-02-18 18:41:00	1.25
		0200581942	南郊变515长丰线1号公变	2018-02-18 17:23:00	2018-02-18 18:38:00	1.25
		0200581946	南郊变515长丰线2号公变	2018-02-18 17:24:00	2018-02-18 19:07:00	1.72
		0200585142	大堡六队01#配变	2018-02-18 17:22:00	2018-02-18 18:37:00	1.25
		0200591206	南郊变515长丰路线11号公变变..	2018-02-18 17:23:00	2018-02-18 18:39:00	1.27
		6200864404	中河变518九开11线06号公网变..	2018-02-18 17:23:00	2018-02-18 18:38:00	1.25
	国网固原市三营供电公司	0200580165	中河变514长城线明堡新村回区1..	2018-02-18 17:14:00	2018-02-18 22:09:00	4.92
		0200580166	中河变514长城线明堡新村回区2..	2018-02-18 17:13:00	2018-02-18 22:07:00	4.90
		0200580167	中河变514长城线明庄一队1号公变	2018-02-18 17:13:00	2018-02-18 18:03:00	0.83
		0200584937	官厅变513张崖线王槽1号公变	2018-02-16 15:20:00	2018-02-16 18:26:00	3.10
				2018-02-16 19:22:00	2018-02-16 20:36:00	1.23
		0200585137	中河变514长城线长城三队1号公变	2018-02-18 17:13:00	2018-02-18 18:03:00	0.83

图 7-17　停电信息的场景展示图

六、实施成果及管理成效

（1）实施成果。自 2018 年 3 月开展配电变压器停电监测以来，停电情况明显改善，同比减少 17.26%，2018 年 1~5 月配网供电可靠性提升了 0.24%。整体供电质量水平得到提升，为公司内涵式发展起到了有力的支撑和促进作用，如图 7–18 所示。

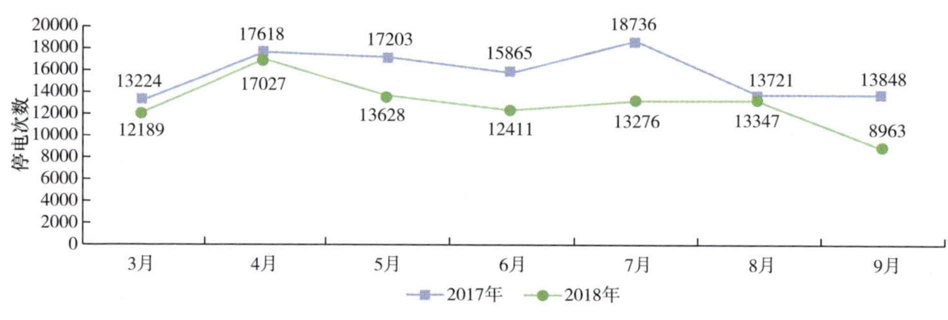

图 7–18　公变台区停电提升情况图

（2）管理成效。

1）节省成本，管控有效。基于大数据的分析，在创新管理模式方面展示出了巨大的价值，本文实践的创新管理方法，对于解决频繁停电，提升电网运维分析、管理质量具有现实意义，相对传统配电网“自下而上”通过报表报告式的上报管理和投巨资全面覆盖配网自动化设备方面，具有“自上而下、管控有力、节省管理成本”等特点，确实能显著提升管理水平，有效指导检修（不停电作业）、电网规划、配网建设和客户管理更有针对性的开展工作。

2）变被动管理为主动分析。从春节期间对停电事件的分析及核实，与运维检修部门沟通确实存在较多瞒报漏报故障。通过主动分析发现电网故障，准确掌握电网运维实际，避免“上下信息不对称”“指标好看”等管理缺陷。

3）掌握故障过程，有的放矢。通过对春节停电事件的过程分析发现确实存在人员技术能力不足，故障点查找判断不清导致的反复停电；存在用户工程质量把关不严，故障导致停电范围扩大；存在分支开关故障引起越级跳闸或反复停电；存在配网保护配置不合理；存在运维不到位超声波检查局部放电、设备试验等缺失未发现缺陷，多起电缆头烧毁、电缆击穿；存在巡视不够，线夹松脱、喜鹊搭窝鸟害引起跳闸等等，反应配网尤其是农网基础管理还需要加强的现状。故障分析模型实现了对故障过程的分析展现，规范运维人员必须将问题核查准确，杜绝了敷衍性质的故障分析报告。

4）细化配网故障对客户的影响分析。生产是服务于营销的，为减少因供电可靠性引发的投诉情况，根据公司职能划分，台区至电能表的低压线路归运检部维护，从客户的报修统计来看，故障较多发生在低压部分，根据报修数据统计出故障频繁的台区，由运检部进行针对性的运维，起到了很好的支撑作用。

5）推进“协同管理”融合。生产、营销、安质等专业建立新型协同工作机制，强化协调配合，树立更高层次的全局意识，促进跨部门、跨专业、跨层级协同运转，形成主动协作、自觉服务的行为习惯，推动各项工作高效前进。

6）推进综合治理。业务部门重视配网重复停电的整改工作，配网运行管理水平全面提升。针对频繁停电，业务部门高度重视，针对通报内容，从业务源头查找，梳理异动原因，针对不同的异动原因，开展专项整治工作，通过制定合理的检修计划、加强临时停电管理工作等手段，不断提升配网设备运行水平。

7）契合电力体制改革的需要。对于希望通过线上数据精准定位停电范围，减少停电损失，提高供电可靠性，提升用户满意度，或者希望在输配电价改革背景下，创新提升供电服务绩效的单位，具有广阔的应用前景：一方面后续可以支撑检修和客服业务；另一方面，后续营销部门可以通过停电损失计算，进一步评估生产运维业务对增供促销的影响，提高电网精益化管理水平。

8）充分应用了公司信息化建设成果。将智能电表建设成果和营配贯通成果在更精准的范围内开展研究，以精准统计停电损失为最终落脚点，为精准诊断公司生产经营管理问题提供支撑，契合了公司电力体制改革的需要。

9）提升基础管理。分析还发现部分用电信息采集终端存在时钟不准运维不到位、变压器挂接关系等电网基础台账错误、GIS 图形错误等基础管理问题。有利于提升基层基础管理水平。

◆ 第三节　网络爬虫实现数据抓取

网络爬虫（网络蜘蛛）是按照一定规则，自动抓取万维网程序或者脚本，是一种已被广泛使用的数据获取工具。对于部分一级部署的系统，无法正常提数，而网络爬虫的应用打破了部分系统无法提数的问题。

【案例】PMS 系统爬取技改与大修项目附件

PMS 系统采用 UI 框架，UI 框架特点是使用 div+css 控制 UI 样式，层层嵌套，使用大量 div 对象与 ajax 技术，UI 的大部对象使用相同的 ID 或者 name，对于爬取增加了难度。在使用 selenium 爬取时，只能使用 Xpath，并且联合多个对象属性进行筛选。

由于 PMS 系统本身问题，需要对其异常情况作处理。例如：当页面点击多次是会出现相同的 2 个 div，排列方式不同，导致爬取文件异常，需要对其中一个对象做销毁处理（直接执行 js 脚本做销毁），如图 7–19 所示。

用于 PMS 系统需要浏览器的渲染，只能使用 UI 方式爬取，长时间爬取会出现超时情况，目前采用刷新截面，重新爬取，如图 7–20 所示。

爬取页面 div 过多，Xpath 获取不唯一，增加异常处理机制，第一个操作失败后对第二个对象做相应的操作，如图 7–21 所示。

爬取是谷歌浏览器多进程，需要对线程做限制，设置 sleep 时间，让 web 页面加载成功后，再获取对象。

go 用于谷歌浏览器 bug，例如：长时间运行会出现内存泄露的情况，占

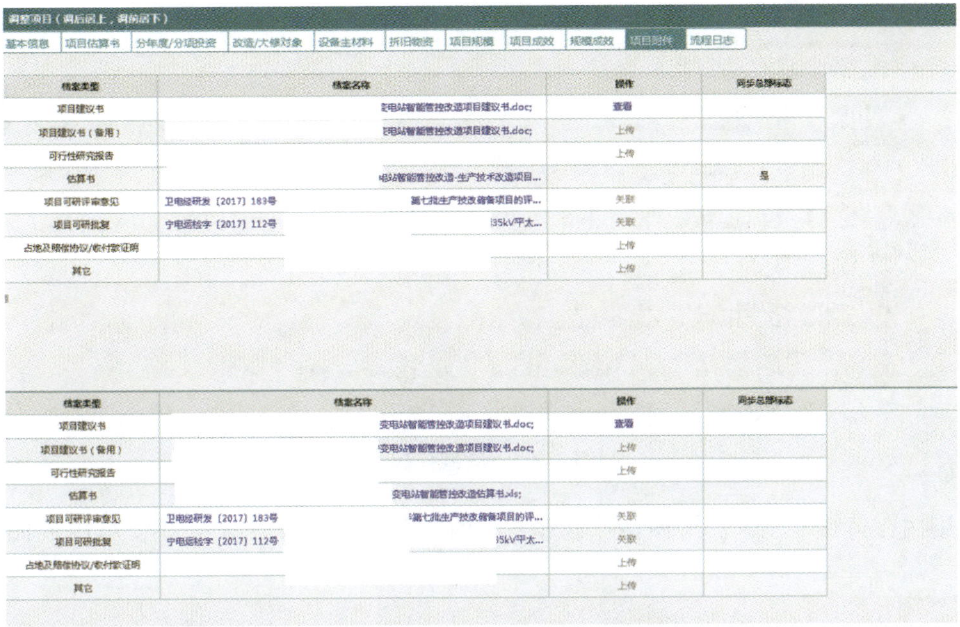

调整项目（调后居上，调前居下）

基本信息 | 项目估算书 | 分年度/分项投资 | 改造/大修对象 | 设备主材料 | 拆旧物资 | 项目规模 | 项目成效 | 规模成效 | 项目附件 | 流程日志

档案类型	档案名称		操作	同步总部标志
项目建议书		变电站智能管控改造项目建议书.doc;	查看	
项目建议书（备用）		变电站智能管控改造项目建议书.doc;	上传	
可行性研究报告			上传	
估算书		电站智能管控改造-生产技术改造项目...		是
项目可研评审意见	卫电经研发〔2017〕183号	第七批生产技改储备项目的评...	关联	
项目可研批复	宁电运检字〔2017〕112号	35kV平太...	关联	
占地及赔偿协议/收付款证明			上传	
其它			上传	

档案类型	档案名称		操作	同步总部标志
项目建议书		变电站智能管控改造项目建议书.doc;	查看	
项目建议书（备用）		变电站智能管控改造项目建议书.doc;	上传	
可行性研究报告			上传	
估算书		变电站智能管控改造估算书.xls;		
项目可研评审意见	卫电经研发〔2017〕183号	第七批生产技改储备项目的评...	关联	
项目可研批复	宁电运检字〔2017〕112号	35kV平太...	关联	
占地及赔偿协议/收付款证明			上传	
其它			上传	

图 7–19　PMS 系统异常图

```
            self.driver.refresh()
            self.searchCondition(year,num,page)
            self.driver.implicitly_wait(5)
            sleep(2)

    except exceptions.InvalidSelectorException   :
        import traceback
        print(traceback.format_exc())
        #异常刷新页面并且重新开始
        #页面内存增大，导致崩溃，调整浏览器
        self.driver.refresh()
        self.searchCondition(year,num,page)
    except  exceptions.StaleElementReferenceException:
        import traceback
        print(traceback.format_exc())
        #异常刷新页面并且重新开始
        #页面内存增大，导致崩溃，调整浏览器
        self.driver.refresh()
        self.searchCondition(year,num,page)
    except exceptions.WebDriverException:
        import traceback
        print(traceback.format_exc())
        #异常刷新页面并且重新开始
        #页面内存增大，导致崩溃，调整浏览器
        self.driver.refresh()
        self.searchCondition(year,num,page)

    except exceptions.TimeoutException  :
        print('超时.....')
        import traceback
        print(traceback.format_exc())
        #异常刷新页面并且重新开始
```

图 7–20　爬取代码图

```
def searchCondition(self,year,num=10,page=1):
    try :
        self.driver.find_element_by_xpath('//div[@id="head"]/a[@id="xmdetail"]' ).click()  #技改项目明细
        self.driver.implicitly_wait(5) #
        sleep(3)

        self.driver.find_element_by_xpath('//div[@id="jgdxtzcxtjvww"]/div/div[3]/div[3]').click() #统计类型   #
        self.driver.find_element_by_xpath('//div[@id="dropDownEditorContainer"]/div[2]/ul/li[@id="07"]').click() #
        sleep(3)

        self.driver.find_element_by_xpath('//td[@id="jhnd"]').click() #选择 计划年度 2016 -2018
        sleep(2)
        self.driver.implicitly_wait(5)
        self.driver.find_element_by_xpath('//div[@id="dropDownEditorContainer"]/div[2]/ul/li[@id="%s"]' %(year)).cl

        #选择每页200条数据
        self.driver.find_element_by_xpath('//div[@class="pageNaviBarjgdx"]/div/div[@id="inputContainer"]').click()
        sleep(2)
        self.driver.implicitly_wait(5)
        self.driver.find_element_by_xpath('//div[@id="dropDownEditorContainer"]/div[1]/ul/li[@id="%d"]' %(num)).cli

        #输入页面查询  //*[@id="body"]/div/div/div[4]/div[2]/div[2]
        #//*[@id="inputContainer"]/input  #inputContainer > input[type="text"]
        #inputContainer
        self.driver.find_element_by_xpath('//div[@class="pageNaviBarjgdx"]/div[2]/div[@id="inputContainer"]/input')
        sleep(1)
```

图 7-21　爬取代码图

用内存持续增多，需要做特殊处理，目前没有好的解决方案，如图 7-22 和图 7-23 所示。

Windows 任务管理器

文件(F)　选项(O)　查看(V)　帮助(H)

应用程序　进程　服务　性能　联网　用户

映像名称	CPU	内存(专用工作集)	映
atiesrxx.exe	00	1,632 K	C:
chrome.exe	27	2,827,440 K	C:
chrome.exe	00	8,156 K	C:
chrome.exe	00	29,864 K	C:
chrome.exe	21	100,676 K	C:
chrome.exe	00	7,916 K	C:
chromedriver-2.exe *32	00	6,048 K	D:
cmd.exe	00	1,364 K	C:

图 7-22　爬取开始时截图

映像名称	CPU	内存(专用工作集)	映像路径名称
atiesrxx.exe	00	1,632 K	C:\Windows\Syst
chrome.exe	02	3,068,800 K	C:\Users\hp\App
chrome.exe	00	8,156 K	C:\Users\hp\App
chrome.exe	00	29,864 K	C:\Users\hp\App
chrome.exe	01	101,396 K	C:\Users\hp\App
chrome.exe	00	7,916 K	C:\Users\hp\App
chromedriver-2.exe *32	00	6,052 K	D:\workspace\JG

图 7-23　爬取半小时后截图

使用 selenium 爬取，与人工操作相同，爬取时间长。因此，将爬取与解析汇总分成 2 个程序，已提高处理效率。

特殊未知异常处理，并记录错误信息，如图 7-24 所示。

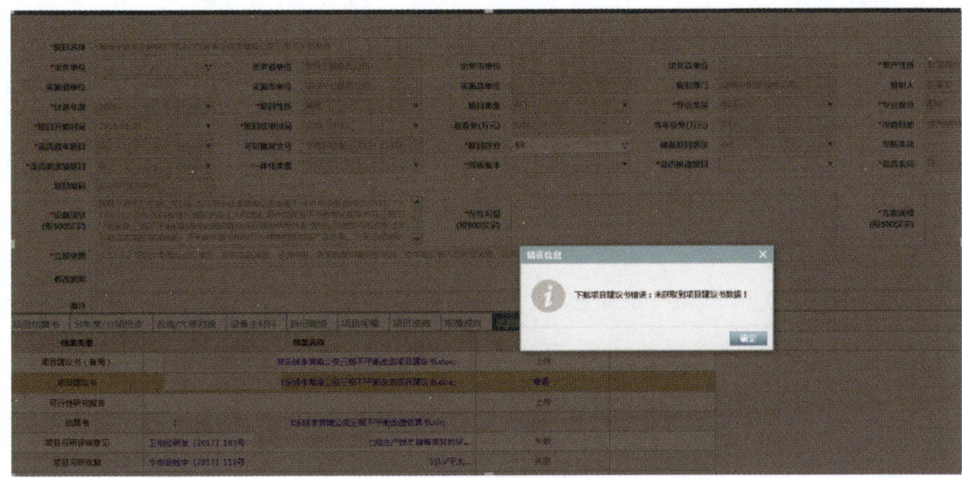

图 7-24　特殊未知异常图

爬取的 word 格式大部分为 .doc 格式，读取 .doc 格式不友好，使用 win32com 包进行解析，通用型较差；因此需将附件统一转换成 docx 格式，进行解析。目前不支持解析 pdf、ceb、rar、zip 等格式。图 7-25 为 Python 格式解析程序。

```
def doc2docx(doc_name,docx_name):
    try:
        word = win32com.client.DispatchEx("Word.Application")
        doc = word.Documents.Open(FileName=doc_name, Encoding='gbk')
        doc.SaveAs(docx_name,12,False,"",True,"",False,False,False,False)
        doc.Close()
        word.Quit()
    except Exception as e:
        import traceback
        print(traceback.format_exc())
        print(doc_name,'格式转换失败')
```

图 7-25　Python 格式解析程序

参考文献

[1] 柴绍学，胡金霞．基于项目生命周期理论的电力工程建设人员过程奖励 [J]. 华北电力大学学报（社会科学版），2009，0（1）：15–17，30.

[2] 王永看．论电力工程交钥匙承包项目管理模式 [D]. 中小企业管理与科技，2014，0（7）：36–37.

[3] 邹江．全生命周期工程造价理论在电力工程造价管理中的应用 [J]. 广东输电与变电技术，2006，0（1）：47–49.

[4] 王涛，张坚敏，李小平．计划线损率的计算及其评价 [J]. 电网技术，2003，27（7）：40–42，55.

[5] 张鹏，王超，李燕燕，等．电力系统 10kV 配网中的线损管理 [J]. 城市建设理论研究（电子版），2015，5（26）：4433.

[6] 郭鹏．对线损管理工作的思考 [J]. 农村电气化，2003，0（2）：29–30.

[7] 何健，丁侣娜．可视化配网线损理论计算机软件的开发应用 [J]. 浙江电力，2002，21（3）：6–9.

[8] 张伏生，李燕雷，汪鸿．电网线损理论计算与分析系统 [J]. 电力系统及其自动化学报，2002，14（4）：19–23.

[9] 陈海涵，程启诚．等值电阻法计算配电网损耗的理论和实践 [J]. 广东电力，2004，17（3）：5–8.

[10] 刘莹．基于数据挖掘的商品销售预测分析 [J]. 科技通报，2014，0（7）：140–143.